THE HEBREW TEXT OF THE BOOK

OF

ECCLESIASTICUS

EDITED

WITH BRIEF NOTES AND A SELECTED GLOSSARY

BY

ISRAEL LÉVI

(École des Hautes Etudes, Paris).

WIPF & STOCK · Eugene, Oregon

Wipf and Stock Publishers
199 W 8th Ave, Suite 3
Eugene, OR 97401

The Hebrew Text of the Book of Ecclesiasticus
By Lévi, Israel
ISBN 13: 978-1-55635-718-3
Publication date 11/9/2007
Previously published by E. J. Brill, 1904

PREFACE.

The discovery of the greater part of the original of Ecclesiasticus is one of the most interesting events in the history of Biblical literature and of the Hebrew language. This book, the real title of which is "Wisdom of Jesus, son of Sira", is the first Hebrew work in which the author has disclosed his name, and the age of which may be determined with quasi-certainty. It was composed between 200 and 180 B. C., and forms a transition between Biblical and rabbinical literature. But, in order that these advantages might be appreciated, it was necessary to possess the text in its original form. For a long time this book had circulated among the Jews, although it was not canonical and could not serve as a theme for public preaching (see Bab. Talmud, *Sanhedrin* 100 b.). Certain Palestinian and Babylonian doctors, of the III[d] and IVth centuries, also Saadia (X[th] century), and Nissim of Kairwan (XIth century) cite numerous passages from it. Saadia even tells us (*Sefer Hagaluy* ed. Harkavy,

Studien u. Mittheilungen, V, 150) that it was, like the Biblical texts, divided into verses punctuated and accentuated. But, from the XIIth century on, all trace of it disappears; and it is known only from the Greek and Syriac translations and from works derived from them. The Greek version was the more precious owing to the fact that it had been composed by the grandson of the author in or about 132; the Syriac version was useful also, having been made directly from the original. To-day, happily, we have the original itself, i. e., two thirds of it. The discovery of the various fragments has taken place successively since 1897; in that year Mrs. LEWIS and Mrs. GIBSON bought in the Orient a parchment sheet bearing Hebrew characters the importance of which they suspected. Dr. S. SCHECHTER, then professor at Cambridge (England), to whom they showed their find, recognized at once in it Chaps. XXXIX—XL of Ecclesiasticus, though the page was much damaged, and the reading of the characters was not always easy. Shortly thereafter, Dr. NEUBAUER and Mr. COWLEY found the continuation of that page in fragments bought by Prof. SAYCE, also in the Orient. These pages belonged to the famous Genizah of the Ezra Synagogue in Cairo, of which the author of *Eben Saphir* had given an account. Dr. SCHECHTER then went to Cairo and from there brought back the full contents of that Genizah, discovered there other sheets of the same copy (which he called

B) and a great portion of another manuscript (A), as well as fragments of selected passages from our book (D). But merchants had brought into Europe portions of the same Genizah. Through them the British Museum acquired two pages from ms. B., Dr. GASTER and I portions of ms. D., Mr. ELKAN ADLER of ms. A. I was happy enough to find in the part I bought, thanks to the liberality of Baron EDMOND DE ROTHSCHILD, one page from a fourth ms. (C.) which used in conjunction with part of ms. B., serves to verify the readings of the latter.

These different fragments may be classified as follows:

Ms. A. In the library of Cambridge University: **3**, 6 to **16**, 26 (with lacuna from **7**, 29 to **11**, 34).

In the possession of Mr. ELKAN ADLER of London: **7**, 29 to **11**, 34.

Ms. B. In the Cambridge University Library: **30**, 11 to **31**, 11; **32**, 1*b* to **33**, 3; **35**, 9, to **36**, 21; **37**, 27 to **38**, 27; **49**, 11*c* to the end.

In the British Museum: **31**, 12—31; **36**, 24 to **37**, 26.

In the possession of Mrs. LEWIS and Mrs. GIBSON in Cambridge: **39**, 15*c* to **40**.

In the Bodleian Library, Oxford: **40** to **49**, 11.

Ms. C. In the Library of the Consistoire Israelite in Paris: **36**, 24 to **38**, 1.

Ms. D. In the Cambridge University Library: **4**, 23*b*,

30—31; **5**, 4—8, 9—13; **36**, 16; **25**, 7 or 8, 12, 16—23; **26**, 1—2.

In the possession of the Rev. Dr. GASTER of London: **18**, 30—31; **19**, 1—2; **20**, 4—6; **37**, 19, 22, 24, 26; **20**, 12(?).

In the Library of the Consistoire Israelite in Paris: **6**, 18—19, 28, 35; **7**, 1, 4, 6, 17, 20—21, 23—25.

The most curious of these manuscripts is B, because of the glosses it contains on both margins. First of all must be noted the Persian glosses from which we infer that the scribe was a Persian, and that he had consulted, besides the copy which he reproduced, *two* other mss. It is precisely the variants of these mss. which he notes, indicating by the sign ° the word to which they refer. He did this work with such care that he has even noted variants either purely orthographic or entirely devoid of sense. This scribe treated Ecclesiasticus like certain books of the Bible, Proverbs, Job etc.: the verses are divided into two hemistiches, separated by a wide blank space; the end is accompanied by the two traditional points (סוף פסוק). In addition, the paragraphs are indicated by an empty space or by the letter פ = פיסקא (paragraph). At times words or sentences are punctuated. These divisions are not in ms. A.; there the verses follow one another without interruption, though the final points have not been omitted. In order to preserve the division into hemistiches we have noted them also in Ms. A. The same may be said of ms. C. These two last manuscripts have whole verses punctuated and accentuated; which confirms the information given by Saadia.

The copyist of ms. A. did not always understand what he wrote; for this reason he has at times copied the verses badly and spoiled the text. Like the copyist of B., he overindulges the use of *matres lectionis*. He also has added marginal glosses; but these are only corrections. Often even he has merely put the reference sign, without indicating the correction; and corrections are often made by means of punctuation.

These various mss. are certainly ancient; but all that can be positively stated is that they are anterior to the XIIth century.

Among the marginal glosses in B. there are some which concern merely the form, but there are others which completely change the meaning. At times these conform to the Greek translation, while the reading of the text is in accordance with the Syriac, and vice versa. This fact at first led to the belief that our Hebrew text is the work of a Jew who had tried to *reconstruct* the original by consulting concurrently the Greek and Syriac texts, and that the numerous variants of one and the same passage are as many attempts at re-translation. The discovery of manuscript C. has definitely killed this hypothesis, as the marginal glosses of B. coincide in almost every case with the readings of ms. C., even in respect to misspelt words and manifest alterations.

Other peculiarities in A. as well as in B. are more surprising. In many places the same verse appears in two forms, of which one generally agrees with the Greek and the other with the Syriac. But what is more, the doublet which agrees with the Syriac contains matter lacking sense which can only be explained as a *false interpretation of the Syriac*; and in that case the sentence is conspicuous by the platitude and late character of the language and syntax, as well as by the rupture of the parallelism, to which the author evidently held. One is therefore constrained to admit that these verses are *retranslations of the Syriac*. The same must be said of certain fragmentary verses.

These facts, although surprising, are not extraordinary. On one side, it is known that the Syriac version of the Apocrypha was read by the Jews; Naḥmanides, in the XIIIth century, cites passages in Syriac of the Book of Wisdom and of Judith. Whole books even, such as Susannah, Bel and the Dragon, found their way, in their Syriac form, into certain Midrash collections. Nothing is more instructive in this respect than the Targum of Proverbs which is derived from the Syriac version. But on the other hand we see in the Syriac version of Proverbs a phenomenon analogous to that of our text: subsequent revision on the basis of the Greek version, though in most cases the corrections and additions introduced by this revision are unnecessary or absurd.

The glossarist of Ben Sira did not limit himself to the additions and rectifications of which we have just treated; he has annexed to his copy the final canticle, translating it also from the Syriac, often awkwardly, as will be seen in the commentary.

It is impossible to say whether the psalm which precedes this canticle and which is found neither in the Greek nor in the Syriac, is, or is not authentic; in any case, it is surely not authentic in all its parts.

With these reservations the fact remains nevertheless that the body of the book is really the original, the very work of Ben Sira. This is sufficiently proven by the numerous errors of counter-sense committed by the translator which can be explained only as a wrong reading or interpretation of the Hebrew. But as has happened with all the texts of antiquity, ours has suffered at the hands of the scribes. The mistakes are sufficiently proven by the variants; above all, by a comparison of the Hebrew with the Greek and Syriac versions. For this reason the study of the text will be an excellent exercise in textual criticism, through which the interpretation of the Bible will be benefited. Excluding these mistakes, a great number of terms unknown in Biblical Hebrew, will be noticed, new verbal forms, borrowed mainly from Aramaic;

particularly the excessive use of the hiphil and hitpael; rabbinic peculiarities which herald the approach of the Mishnah language, and permit us to date the books of the Bible the language of which is in general analogous to that of Ecclesiasticus. The literary care, equally novel, must not be lost sight of: titles for chapters, continuity in composition, transitions, plays upon words. What is more striking still is the artificial character of the language, full of centos from the Bible and of *apax legomena.*

As regards the text here published, it is necessary to add that where letters have disappeared in the mss., the fact is indicated by periods . . . . . , the sign (°) above the letters, which is also found in ms. B., refers to marginal glosses; the same is true of the three points (.·.) in Ms. A. The dash above the letters indicates that a restitution has been made from vestiges still visible. Brackets contain portions restored by conjecture. As a rule we have purposely left to the student the task of choosing among the divergent readings and of recognizing those which are notoriously wrong. Only words and forms not found in the Bible are included in the vocabulary. For the numbering of the chapters and verses the Greek edition of Fritzsche has been followed, except for Chaps. XXX—XXXVI.

H. designates the Hebrew text, G. the Greek version, S the Syriac version, *Latin* the vulgate version which is the old African translation, anterior to the year 250, and which St. Jerome did not see fit to re-edit.

The student may consult the following works:

Collotype Facsimiles of the Oxford Fragment of Ecclesiasticus. Oxford, Clarendon Press, 1897.

Facsimiles of the Fragments hitherto recovered of the Book of Ecclesiasticus in Hebrew, Oxford-Cambridge University Press, 1901.

COWLEY (A. E.) and NEUBAUER (Ad.). *The original Hebrew of a portion of Ecclesiasticus.* Oxford, Clarendon Press, 1897 (Chs. XXXIX—XLIX).

SCHECHTER (S.) and TAYLOR (C.). *The Wisdom of Ben Sira.* Cambridge 1899.

LÉVI (ISRAEL). *L'Ecclésiastique ou la sagesse de Jésus fils de Sira, texte original hébreu, édité, traduit et commenté.* Paris, Leroux 1898 and 1901.

PETERS (N.). *Der jüngst wiederaufgefundene Hebräische Text des Buches Ecclesiasticus.* Freiburg in B., Herder 1902.

RYSSEL. *Die Sprüche Jesus des Sohnes Sirachs* in *Apokryphen u. Pseudepigraphen des Alten Testaments* edited by E. KAUTZSCH. Tübingen 1900, and a series of articles in *Theolog. Studien u. Kritiken* 1900 et seq.

ISRAEL LÉVI.

[The present edition of Ben Sira by Mr. ISRAEL LÉVI was finished in September 1902, but its publication was unavidably delayed by the editors. R. J. H. G.]

August 1903.

BEN SIRA.

CHAP. III.

6 . . . . מכבד אמו:

8 בני במאמר ובמעשה כבד אביך   עבור[a] ישינוך כל ברכות[b]:

9 ברכת אב תיסד שרש   וקללת אם תנתש נטע:

10 אל תתכבד בקלון אביך   כי לא כבוד הוא לך:

11 כבוד איש כבוד אביו   ומרבה חטא מקלל[c] אמו:

12 בני התחזק בכבוד אביך   ואל תעזבהו[d] כל ימי חייך:

13 וגם אם יחסר מדעו עזוב[e] לו-   ואל תכלים אותו כל ימי חייו:

14 צדקת אב לא תמחה   ותמור[f] חטאת היא תנתע:

15 ביום צרה תזכר לך   כחם על כפור להשבית עוניך

16 כי מזיד[g] בוזה אביו   ומכעים בוראו מקלל אמו:

17 בני בעשרך[h] התהלך בענוה   ותאהב מנותן מתנות[i]:

14, תנטע

---

a) Poetic form, used in the Middle-Ages; but, possibly, the ב has been lost. *b*) Deut. 28, 2. *c*) G—S: מקלה. *d*) G: תעצבהו; Tobit, 4, 3: תעזבהו. *e*) Like שבק in Aramaic "be indulgent"; or retranslation of S. *f*) Middle-Age, poetic form; or, perhaps, an alteration of תמורת. *g*) מנדף. *h*) = S; G: בעשקך, better reading. *i*) = S, a word not well authenticated.

18 [a]מעט נפשך מכל גדולת עולם   ולפני אֵל המצא רחמים:
19 כי רבים רחמי אלהים   ולענוים יגלה סודו:
20 פלאות ממך אל תדרוש   ומכוסה[b] ממך אל תחקור:
21 במה שהורשית[c] התבונן   ואין[d] לך עסק בנסתרות:
22 וביותר ממך אל תמר[e]   כי רב ממך הראית:
23 כי רבים עשתוני בני אדם[f]   ודמיונות רעות מתעות:
24 לב כבד תבאש[g] אחריתו   [h]ואוהב טובות ינהג בהם:
25 לב כבד ירבו מכאביו   ומתחולל[i] מוסיף עון על עון[j]:
23* באין אישון יחסר אור   ובאין דעת תחסר חכמה:
26 אל תרוץ לרפאות[k] מכת לץ כי אין לה רפואה כי מנטע רע נטעו:
27 לב חכם יבין משלי חכמים   ואזן מקשבת לחכמה תשמח:
28 אש לוהטת יכבו מים   כן צדקה תכפר חטאת:
29 פועל טוב[l] יקראנו בדרכיו   ובעת מוטו ימצא משען:

CHAP. IV.

1 בני אל תלעג לחיי עני   ואל תדאיב נפש עני ומר נפש[m]:
2 דוח[n] נפש חסירה אל תפוח[o]   ואל תתעלם ממרכביך[p] נפש:

---

19 *b*. The word יגלה was written twice; the first is erased.

---

a) G: *ὅσῳ μέγας εἶ, τοσούτῳ ταπεινοῦ σεαυτὸν* "the greater thou art the more thou shouldst humble thyself". S: בכל דאית (דאנת) רב בעלמא אזער נפשך. The two readings are based on one and the same text, which can not have been the one before us; the latter is probably a retranslation of S, which itself has suffered change. *b*) Saadia: במכוסה. *c*) Id.: באשר הורשית. *d*) Id.: לא. *e*) G—S: אל תתעסק. *f*) G: כי רבים התעו עשתנותם. *g*) Aramaean form = הרע "is bad". *h*) Unintelligible. G: He that loveth *danger* shall *perish* therein. *i*) Job 15, 20. S: ומתהולל. *j*) 5, 5; Ps. 69, 28. *k*) Delete אל תרוץ לרפאות... כי. *l*) Not Hebrew. G: גומל חסד יזכר באחריתו, cf. 37, 11*e*. H is a retranslation from S, which read בארחתיו instead of באחריתו; but יקראנו is original (קרה = קרא). *m*) ומר נפש only in H. *n*) Delete. *o*) תפיח. *p*) ממרכדך.

3 אל תחמיר[a] מעי דך ״וקרב עני אל תכאיב:

״3 אל תמנע מתן ממסכינך[b] 4[c] ולא תבזה שאולות[d] דל ״5 ולא תתן לו מקום לקלי

6 צועק מר רוח בכאב נפשו ובקול צעקתו ישמע צורו[e]:

7 האהב לנפשך לעדה ולשלטון עוד[f] הכאף[g] ראש:

8 הט לעני אזנך והשיבהו שלום בענוה[h]:

9 הושע מוצק ממציקיו ואל תקוץ רוחך במשפט יושר:

10 היה כאב ליתומים[i] ותמור[j] בעל לאלמנות:

ואל יקראך בן ויחנך[k] ויצילך משחת:

11 חכמות למדה בניה ותעיד[l] לכל מבינים בה:

12 אהביה אהבו חיים[m] ומבקשיה[n] יפיקו רצון מייי[o]:

13 ותמכיה ימצאו כבוד מייי ויחנו[p] בברכת ייי

14 משרתי קדש משרתיה ואלהו במא ויהא[q]

15 שומע לי ישפט אמת ומאזין לי ייחן בחדרי מבית[r]:

17 כי בהתנכר אלך עמו 17c ולפנים יבחרנו[s] בנסיונות:

17d ועד עת ימלא לבו בי 18 אשוב אאשרנו וגליתי לו מסתרי:

19 אם יסור ונטותיהו[t] ויסרתיהו באסורים:

״19 [u]אם יסור מאחרי אשליכנו ואסגירנו לשדדים:

20 בני עת המון[v] שמר[w] ופחד מרע ואל נפשך אל תבוש:

21 כי יש בשאת משאת עון ויש בשת כבוד וחן:

22 אל תשא פניך אל[x] נפשך ואל תכשל למכשוליך[y]:

---

a) Lam. 1, 20. *b*) 41, 19*d*. *c*) 41, 22*d*. *d*) שאילות.
e) Ex. 22, 22. G—S: יוצרו. *f*) עיר. *g*) הכף. *h*) 41, 20.
i) Job 31, 18; Ps. 68, 6. *j*) 3, 14*b*. *k*) Only in H. *l*) Ps. 149, 9.
m) Prov. 3, 18; 8, 35. *n*) G: ומשחריה. *o*) Prov. 8, 35; 12, 2. *p*) from חנה. *q*) ואהביה יאהב ייי, cf. Prov. 8, 17.
r) G: ושומע לי ישכן לבטח, cf. Prov. 1, 33. *s*) אבחנהו.
t) ונטשתיהו (Bacher). *u*) = S. *v*) Only in H. *w*) 20, 6.
x) "against", 32, 13; 42, 1. *y*) *Derek Erez Zuṭṭa* 1: אל תכשל בעיניך.

23 אל תמנע דבר בעולם[a]   ואל תצפין את חכמתך:
24 כי באומר[b] נודעת חכמה   והבונה במענה לשון:
25 אל תסרב עם האל[c]   ואל אלהים היכנע[d]:
26 אל תבוש לשוב מעון   ואל תעמוד לפני שבלת:
27 אל תצע[e] לנבל נפשך   ואל תמאן לפני מושלים:
* [f]אל תשב עם שופט עול   כי כאשר[g] כרצונו תשפט עמו:
28 עד המות העצה[h] על הצדק   וייי נלחם לך[i]:
* [j]אל תקרא בעל שתים   ואל לשונך אל תרגל:
29 אל תהי גבהן[k] בלשוניך   ורפי ורשיש במלאכתך[l]
30 אל תהי ככלב[m] בביתך   ומוזר[o] ומתירא במלאכתך:
31 אל תהי ידך פתוחה לקחת   וקפוצה בתוך מתן:

CHAP. V.

1 אל תשען על חילך   ואל תאמר יש לאל ידי[s]:
2 אל תשען על כוחך   ללכת אחר תאות נפשך:
2'' אל תלך אחרי לבך[t] ועיניך   ללכת בחמודות[u] רעה:

D.

30 אל תהי כאריה[n] בביתך   ומתפחז[p] בעבודתך[q]:
31 אל תהי ידך מושטה לשאת   ובעת השב קפודה[r]:

---

a) בעתו = G—S. *b*) G: בחוסר. *c*) האמת. *d*) ואל אולתך הכלם. *e*) = תציע. *f*) Doublet of 8, 14. *g*) Delete, or read ברצונו. *h*) from עצה = עצא syr. (Ryssel). *i*) Ex: 14, 14. *j*) Doublet of 5, 14; see ad loc. *k*) From נבה; cf. the quotation of Ben Sira in Talmud *Sanhedrin* 100 *b*: שבהרן. *l*) S: ורפא ורשיש בעבידתך. *m*) = S. *n*) = G. *o*) Unintelligible; this word has another signification in Ps. 69, 9. *p*) מתפחד = G. *q*) = G. *r*) קפוצה (Schechter). *s*) Micah 2, 1. G—S: יש לי די. *t*) Num. 15, 39. *u*) חמדות.

3 אל תאמר מי יוכל כחו[a]   כי ייי מבקש נרדפים[b]:

4 אל תאמר חטאתי ומה[c] יעשה לי מאומה[d] כי אל ארך אפים הוא:

4" [f]אל תאמר רחום ייי   וכל עונותי ימחה:

5 אל סליחה אל תבטח   להוסיף עון על עון[g]:

6 ואמרת רחמיו רבים   לרוב עונותי יסלח:

כי רחמים ואף ע[מ]ו   ואל רשעים ינוח[h] רגזו[i]:

7 אל תאחר לשוב אליו   ואל תתעבר מיום אל יום:

כי פתאום יצא זעמו   וביום נקם[j] תספה:

8 אל תבטח על נכסי שקר[l]   כי לא יועילו ביום עברה:

9 אל תהיה זורה לכל רוח   ופונה[m] דרך שבולת[o]:

10 היה סמוך על דעתך   ואחד יהי דברך:

11 היה ממהר להאזין   ובארך רוח[r] השב פתגם:

D.

4 אל תאמר חטאתי ומה יהיה[e] לו כי ייי ארך אפים הוא:

5 אל סליחה אל תבטח   להוסיף עון על עון:

6 ואמרת רבים רחמיו   לרוב עוונותי יסלח:

כי רחמים ואף עמו   ועל רשעים יניח רגזו:

7 אל תאחר לשוב אליו   ואל תתעבר מיום ליום:

כי פתאום יצא זעמו   ובעת[k] נקם תספה:

9 אל תהי זורה לכל רוח   ואל תלך לכל[n] שביל:

10 היה סמוך על דברך[p]   ואחר[q] יהיה דבריך:

11 היה נכון בשמועה טובה   ובארך ענה תענה נכונה:

---

a) כחי; מי יוכל כחי a syriacism = מי יוכל לי. *b*) Kohelet 3, 15. G: פרע יפרע or נקם ינקם. *c*) = G. *d*) Without ומה = S. *e*) = G—S. *f*) Doublet of 6 (= S). *g*) 3, 27. *h*) G—S and Saadia: ינוח. *i*) Saadia: עזן. Cf. 16, 11. *j*) Is. 34 8. *k*) = G—S. *l*) 31, 6; Prov. 11, 4. *m*) = S. *n*) = G. *o*) Lapsus, cf. 4, 26. *p*) Dittography of 10*b*. *q*) אחר. *r*) Not the same signification as in Koh. 7, 8.

12 אם יש אתך ענה רעך — ואם אין ידך עַל פיך[a]:
13 כבוד וקלון ביוד[c] בוטא[d] — ולשון אדם מפלתו:
14 אל הקרא בעל שתים — ובלשונך אל תרגל רע[e]:
כי על גנב נבראה בשת — חרפה רעהו בעל שתים[f]:
15 מעט והרבה אל תַשחת[g] — ותחת אוהב אל תהי שונא:
16 שם רע וקלון תוריש חרפה[h] — כן איש רע בעל שתים:

CHAP. VI.

1 אל תפול ביד נַפשך — ותעבה[i] חילך עליך[j]:
2 עלֶיךָ תאכל ופריך תשרש[k]: — וְהניחתך כעץ יבש:
3 כי נפש עזה[l] תשחת בעליה — ושמחת שונא תשיגם:
4 חיך עָרֵב ירבה אוהב — ושפתי חן שואלו שלום:
5 אנשי שלומך יהיו רבים — ובעל סודך אחד מאלף[m]:
6 קנית אוהב בניסון[n] קנהו — ואל תמהר לבטח עליו:
7 כי יש אוהב כפי עת[o] — ואל[p] יעמוד ביום צרה:
8 יש אוהב נהפך לשנא[q] — ואת ריב חרפתך יחשוף[r]:
יש אוהב חבר שלחן — ולא ימצא ביום רעה[s]:

---

12 אם יש אתך ענה ריעיך — ואם אין שים ידך על פיך[b]: D.
13 כבוד וקלון ביד בוטה — ולשון אדם מפליטו:

---

a) 31, 6; Prov. 30, 32. *b*) Job 21, 5. *c*) ביך. *d*) Prov. 18, 21. *e*) Needless. *f*) חרפה רעה על ב' ש'. *g*) 7, 36 *b*. *h*) Prov. 18, 3. *i*) Perhaps for תבעה = תבער (Taylor). G—S add: כשור. *j*) Dittogr. of 2. *k*) G: תשיר, from נשר (Perles). *l*) 19, 2 *b*; Is. 56, 11. *m*) Talmud *Sanhedrin* 100 *b* and *Yebamot* 63 *b*: רבים יהיו דורשי שלומך גלה סוד לאחד מאלף; Saadia: רבים יהיו אנשי שלומך גלה סודך לאחד מני אלף. *n*) בנסיון. Saadia: במסה. *o*) 40, 23—24; 37, 4. *p*) Saadia: ולא. *q*) 37, 24. *r*) 42, 1; 1 Sam. 25, 39. *s*) 37, 4.

10	בטובתך הוא כמוך	ברעתך יתנדה ממך[a]:
11	אם תשיגך רעה[b] יהפך בך	ומפניך יסתר[c]:
12	משנאיך הבדל	ומאהביך השמר[d]:
13	אוהב אמונה אוהב תקוף[e]	ומוצאו מצא הון:
14	לאוהב אמונה אין מחיר	ואין משקל לטובתו:
15	צרור חיים[f] אוהב אמונה	ירא אל ישיגם:
16[g]	כי כמוהו כן רעהו	וכשמו כן מעשיו:
18	כחורש וכקוצר קרב אליה	וקוה לרב תבואתה:
	כי בעבדתה מעט תעבוד	ולמחר[h] תאכל פריה[i]:
19	עקובה היא לאויל	ולא יכלכלנה חסר לב:
20	כאבן-משא תהיה עליו	ולא יאחר להשליכה:
21	כי המוסר כשמה כן הוא[j]	ולא לרבים היא נכוחה[k]:
XXVII, 5)	כלי יוצר[l] לבער כבשן	וכמהו איש על חשבונו:
6	על עבדת עץ יהי פרי	כן חשבון על יצר אחד[m]:

---

10. — The wau had been omitted, the vowel supplied (indicated by the three dots on margin); then the letter was written above the word.

D.

17		...תשיג חכמה[g]:
18	כחורש וכקוצר קרב אליה	וקוה לרוב תבואתה:
	כי בעבודתה מעט תעבוד	ולמחר תאכל פריה:

---

a) 12, 9; Prov. 19, 4, 7. b) G—S: תפול or תשפל. c) 37, 4; 22, 23. d) Saadia: הזהר. e) Perhaps a retranslation from S: רחמא דשררא רחמא הו דתוקפא; the original had: חביון עז. f) צרי (Schechter). g) Orig. probably: בני בנעוריך קבל מוסר ועד שיבה תשיג חכמה. h) G—S: מהר. i) 51, 27. j) מוסר from סור. k) נֹכְחָה or נְכֹחָה. l) Understand יִבָּחֵן. m) אדם.

24 הט שכמך ושאה — ואל תקץ בתחבולתיה[a]:
26 דרש וחקר בקש ומצא[b] — והתחזקתה ואל תרפה[c]:
27 כי לאחור תמצא מנוחתה — ונהפך לך לתענוג:
28 והיתה לך רשתה מכון עז — וחבלתה בגדי כתם:
29 עלי זהב עולה[d] — ומוסרתיה פתיל תכלת:
30 בגדי כבוד תלבשנה — ועטרת תפארת תעטרנה:
31 אם תחפוץ בני תתחכם — ואם תשים לבך תערם:
32 אם תובא[e] לשמע — והט[f] אזנך תוסר:
34 כל שיחה חפוץ לשמע — ומשל בינה אל יצאך:
35 ראה מה[g] יבין ושחריהו — ותשחוק בסיפי[h] רגלך:
36 והתבוננת ביראת עליון — ובמצותו והגה[i] תמיד:
והוא יבין לבך — ואשר איותה[j] יחכמך:

CHAP. VII.

1 אל תעש לך רע ואל ישיגך רעה: 2 הרחק מעון ויט ממך:
3 אל תדע חדושי על אח[k] — פן תקצרהו שבעתים:

3. The three dots on margin indicate a correction.

D.

27 כי לאחור תמצא מנוחתה — ותהפך לך לתענוג:
34 כל שיחה חפוץ לשמוע — ומשל בינה אל יצאך:
VII, 1—2 אל תעש רע [ואל] ישיגך רע — רחק מעון [ויט] ממך:

a) בחבלתה (Schechter). b) G—S: ותמצא. c) Prov. 4, 13. d) עָלָה.
e) תאבה. f) ותטה or ותט. g) מי. h) סִפיו (Schechter).
i) תהגה or הגה. j) אויתה. k) אל תזרע על חרישי חטא, or א' ת' חרישים על חטא.

4 אל תבקש מאל ממשלת   וכן ממלך מושב כבוד:
5 אל תצטדק לפני מלך[a]   ופני[b] מלך אל תתבונן:
6 אל תבקש להיות מושל   אם אין לך חיל להשבית זדון:
פן תגור מפני נדיב   ונתונה[c] בצע בתמימיך[d]:
7 אל תרשיעך[e] בעדת שערי אל[f]   ואל תפילך[g] בקהלה:
8 אל תקשור לשנות חט[h]   כי באחת לא תנקה:
15 אל תאיץ בצבא מלאכת עבודה   הי כאל נחלקה[i]:
10 אל תתקצר בתפלה   ובצדקה אל תתעכר[j]:
11 אל תבז לאנוש במר רוח   זכר כי יש מרים ומשפיל[k]:
12 אל תחרוש חמס על אח[l]   וכן על רע וחבר יחדו:
13 אל תחפץ לכחש על[m] כחש   כי תקותו לא תנעם:
14 אל תסוד בעדת שרים   ואל תישן[n] דבר בתפלה:
16 אל תחשיבך[o] במתי עם   זכור עכרון[p] לא יתעבר:
17 מאד מאד השפיל גאוה   כי תקות אנוש רמה[q]:
* אל תאיץ לאמר לפרץ[r]   גל אל אל ורצה דרכו[s]:
18 אל תמיר אוהב במחיר   ואח תלוי[t] בזהב אופיר:
19 אל תמאס אשה משכלת[u]   וטובת חן מפנינים:

D.

4 אל תבקש מא[ל] ממשלת   וכן כמלך [מושב] כבוד:
6 אל תבקש להיות   אם אין לך חיל להשבית זדון:
17 מאד מאד השפל גאוה   כי תקות אנוש להמה:

---

a) Dittogr.; read אל. b) לפני. Prov. 25, 6. c) ונתתה (Schechter). d) = המימותך. e) Instead of הרשיע אותך. f) Delete אל, dittogr. of b ואל. g) See note e. h) חטא. i) אל תקוץ בצבא מלאכה כי עבודה מאל נחלקה. j) Or תתעבר, cf. 5, 7. k) 4, 1, 6; 11, 4; 1 Sam 2, 3, 8; Ps. 75, 6—8. l) Prov. 3, 29. m) G—S: כל. n) תשן = תשנה. o) Cf. 7 a—b. p) עברון = עברה. q) Job 25, 6. r) Text uncertain. s) Ps. 22, 9. t) "True". u) 40, 23 b; Prov, 19, 14.

20 אל תרע באמת עובד אמת   וכן שוכר נותן נפשו:
21 עבד משכיל חבב כנפש[a]   ואל תמנע ממנו חפש:
22 בהמה לך ראה עיניך[b]   ואם אמנה היא העמידה:
23 בנים לך יסיר אותם   ושׂא[c] לָהֶם נשים בנעוריהם:
24 בנות לך נצור שארם   ואל תאיר אלהם פנים[d]:
25 הוצא בת ויצא עסק   ואל נבון גבר חברה:
26 אשה לך אל תתעבה[e]:   ושנואה אל תאמן בה:
29 בכל לבך פחד אל   ואת כהניו הקדיש:
30 בכל מאודך אהוב[f] עושך   ואת משרתיו לא תעזב:
31 כבד אל והדר כהן   ותן חלקם כאשר צוותה:
לחם אברים[g] ותרומת [יד   זבחי] צדק ותרומת קדש:
32 וגם לאביון [הושי]ט יד   למען תשלם ברכתך:
33 תן מתן לפני כל חי   וגם ממת אל תמנע חסד:
34 אל תתאחר מבוכים   ועם אבלים התאבל:
35 אל תשא לב מאוהב[h]   כי ממנו תאהב:
36 בכל מעשיך זכור אחרית   ולעולם לא תשחת[i]:

D.

20 אל תרע עובד אמת   וכן שכיר נותן נפשו:
21 עבד משכיל אהוב כנפש   אל תמנע ממנו חופש:
23 בנים לך יסר אותם   ושא להם בנעוריהם:
24 בנים לך נצור שאר[ם   ואל] תאר להם פנים:
25 הוציא [בת] ויצא עסק   ואל גבר נכון זבדה:

---

a) 37, 2*b*. *b*) = בעיניך. *c*) Ezra 9, 12. *d*) 35, 9. *e*) Ps. 119, 163. *f*) Deut. 6, 5. *g*) אשים. *h*) Corruption of מבואב, or dittogr. of *b*; read מְחֹולֶה. *i*) 5, 15.

CHAP. VIII.

1 אל תריב עם איש גדול   למה תשוב על [י]דו:
" [a]אל תריב עם קשה ממך   למה תפול בידו:
2 אל תחרש[b] על איש כאֹ הון   פן ישקל מחירך[c] ואבדת[d]:
[e]כי רבים הפחיז[f] זהב   וה[ון] ישגה [לב נ]דיבים:
3 אל תינץ[g] עם איש לשון   ואל תתן על אש עץ:
4 [אל] תרגיל עם איש אויל   פן יבוז[h] לנדיבים:
5 אל תכלים איש שב מפשע   זכר כי כלנו חייבים:
6 אל תבייש אנו[ש י]שיש   כי נמנה מזקנים:
7 אל תתהלל על גוע   זכר כלנו נאספים:
8 אל תטש שיחת חכמים   ובחידתיהם התרטש:
כי ממנו[i] תלמד לקח   להתיצב לפני שרים[j]:
9 אל תמאס בשמיע[ת] שבים   אשר שמעו מאבתם:
כי ממנו[k] תקח שכל   בעת צ[רך] להשיב פתגם:
10 אל תצלח[l] בנחלת[m] רשע   פן תבער בשביב אשו:
11 אל תזוח[n] מפני לץ   להושיבו כאורב לפניך:
13 אל תלוה איש חזק ממך   ואם הלוית כמאבו:
13 אל תערב יתר[o] ממך   ואם ערבת כמשלם:
14 אל תשפט עם שופט   כי כרצונו יש[פט][p]:

---

2. לו ק׳, i. e. read: לן. — 7. Margin ..

---

a) = S. *b*) תתחר *c*) 6, 14; Job 28, 15. *d*) Not in G—S. *e*) 31, 6. *f*) 19, 2. *g*) תנץ. *h*) G—S: יבזוך. *i*) G—S: מהם. *j*) 38, 3*b*; Prov. 22, 29. *k*) G—S: מהם. *l*) Amos 5, 6. *m*) בנחלת. *n*) "withdraw not". *o*) יֹתֵר "richer". *p*) 4, 27*.

15 עם אכזרי אל תלך — פן תכביד את רעתך:
כי הוא נוכח פניו ילך[a] — ובאולתו תספה:
16 עם בעל אף אל תעיז מצח — ואל תרכב עמו בדרך:
כי קל בעיניו דמים — ובאין מציל ישחיתך:
17 עם פותה אל תסתייד — כי לא יוכל לכסות סודך:
18 לפני זר אל תעש רז[b] — כי לא תדע מה ילד[c] ספו:
19 לכל בשר אל תגל לבך — ואל תדיח מעליך הטובה[d]:

CHAP. IX.

1 אל תקנא את אשת חיקך — פן תלמד עליך רעה:
2 אל תקנא[e] לאשה נפשך — להדריכה על במותיך:
3 [f]אַל תְּקְרַב אֶל־אִשָּׁה זָרָה — פֶּן־תִּפּוֹל בִּמְצוּדֹתֶיהָ:
" עִם־זוֹנָה אַל־תִּסְתַּיָּיד — פֶּן־תִּלָּכֵד בִּלְקוּחֶיהָ[g]:
4 עם מְנַגִּינֹת[h] אַל תִּדְמוֹךְ — פן יִשְׂרְפֶּךָ בְּפִיפִיּוֹתָם:
5 [i]בבתולה אל תתבונן — פן תוקש בעונשיה:
6 אל תתן לזונה נפשך — פן תסוב[j] את נחלתך:
7 להתנבל במראה עיניך[k] — ולשומם אחר ביתה[l]:
8 העלים עין מאשת חן[m] — ואל תביט אל יפי לא לך:
בעד[n] אשה [ה]שחתו רבים[o] — וכן אהביה[p] באש[q] תלהט:

---

a) Is. 57, 2. *b*) Word-play. *c*) Prov. 27, 1. *d*) II Sam. 15, 14. *e*) Dittogr. of 1, read תתן. *f*) 41, 20, 21 *c*; Prov. 6, 26. Talmud *Sanhedrin* 100 *b* and *Yebamot* 63 *b*: העלם עיניך מאשת חן פן תלכד במצודתה. *g*) בחלקותיה. *h*) מנגנות. *i*) 41, 21 *c*; Job 31, 1. *j*) Num. 36, 7. G—S: תאבד, cf. Prov. 29, 3. *k*) במבואי עיר, cf. 14, 22 *b*. *l*) לשוטט ברחבותיה. *m*) Note *f*. *n*) Talmud and G—S: בתואר; בעד, reminiscence of Prov. 6, 26. *o*) Prov. 7, 26. *p*) אהבתה. *q*) כאש.

9 עם בעלה[a] אל תטעם ואל [ת]סב עמו[b] שכור :
פן תטה אליה לב ובדמים תטה אל שחת[c] :
10 אל תטש אוהב ישן כי חדש לא יד[י]ק[d] :
יי[ן] חדש אוהב חדש וישן אחר [תש]תינו :
11 אל תקנא באיש רשע כי לא תדע מה יומו[e] :
12 אל [תקנא] בזדון מצליח זכר כי עת[f] מות לא ינקה :
13 רחק מאיש [שלי]ט להרו[ג] ואל תפחד פחדי מות :
ואם קרבת לא תאשם פן יקח [א]ת נשמתך :
דע כי בין פחים תצעד ועל רשת תתהלך :
14 ככחך ענה רעך ועם חכמים הסתייד :
15 עם נבון יהי ח[ש]בונך וכל סודך בינותם[g] :
16 אנשי צדק בעלי לחמך וביראת אלהים תפארתך :
17 בחכמי ידים יחשך יושר[h] ומוש[ל] עמו[i] חכם : ביטה[j]
18 נורא בעד[k] איש לשון ומשא על פיהו ישונא :

CHAP. X.

1 שופט עם[l] יוסר עמו וממשלת מבין סדירה[m] :
3 מלך פרוע ישחית עיר[n] ועיר נושבת בשכל שריה :

2 [o]כְּשׁוֹפֵט עָם כֵּן מְלִיצָיו וּכְרֹאשׁ עִיר כֵּן יוֹשְׁבָיו :

---

1 *b*, ∴ Referring to the word with the dots on top.

---

a) בְּעוּלָה. Talmud, *ib.*: אל תט אצל בעלה. *b*) עמה. Talmud, *ib*: למסוך עמה יין ושכר. *c*) Prov. 7, 27; 2, 18. *d*) Perhaps: ידביקנו. *e*) 8, 18*b*; Prov. 27, 1; Koh. 11, 2. *f*) G—S: עד; cf. Jer. 11, 14. *g*) G—S: בתורת ייי. *h*) Unintelligible. G: "For the hand of the artificers a work shall be commended" = בחכמי ידים יושר מעשה. *i*) עם. *j*) 5, 13. *k*) בעיר. *l*) G—S: חכם. *m*) The correction is probably הדירה *n*) עמו = G—S. *o*) Prov. 29, 12.

5 ביד אלהים ממשלת כל גבר   ולפני מחוקק ישית הודו:

4 ביד אלהים ממשלת תבל   ואיש לעת יעמד[a] עליה:

6 [ב]כל פשע אל תשלים רע לריע[b]   ואל תהלך בדרך גאוה:

7 שנואה לאדון ואנשים גאוה   ומשניהם מעל עשק:

8 מלכות מגוי אל גוי תסוב   בגלל חמס גאוה:

9 מה יגאה עפר ואפר[c]   אשר בחייו יורם[d] גויו:

10 שמץ מחלה יצהיב רופא   מלך היום ומחר יפול:

11 במות אדם ינחל רמה   ותולעה כנים[e] ורמש:

12 תחלת גאון אדם מועז   ומעשהו יסור מלבו[f]:

13 כי מקוה זדון חטא[g]   ומקורה יביע זמה:

על כן מלא לבו אלה[ים] נגעה[h]   ויכהו עד כלה:

14 [i]כסא גאים הפך אלהים   וישב[k] עניים תחתם:

16 עקבת גוים טמטם[l] אלהים   ושרשם עד ארץ קעקע:

17 וסחם[m] מארץ ויתשם   וישבת מארץ זכרם:

18 לא נאוה לאנוש זדון   ועזות אף לילוד אשה:

19 זרע נכבד מה זרע לאנוש   זרע נקלה עובר מצוה[n]:

20 בין אחים ראשם נכבד   וירא אלהים [ממנו]:

21 גר וזד נכרי ורש[o]   תפארתם י[רא]ת אלהים:

---

9 *b*, ∴. Referring to the word punctuated. — 11 *b*. Same sign.

13 *c*, רע. — 13 *d*, ויבא; see note *i*.

---

a) יעמיד. *b*) Gloss. *c*) Gen. 18, 27. *d*) ירום = יורם, cf. Ex. 16, 20. *e*) כנים. *f*) לבו. *g*) G—S: "The beginning of sin is pride". *h*) נגע; variant: רע. *i*) Var. of ויכהו. *j*) 1 Sam. 2, 7. *k*) ויושב. *l*) The correct reading was טאטא; cf. וסחם, 17. *m*) 38, 23. *n*) Read:

זרע נכבד מה זרע אנוש   זרע נכבד מה ירא אלהים:

זרע נקלה מה זרע אנוש   זרע נקלה מה עובר מצוה:

o) G—S: גר ועשיר נכבד ורש.

22 אין לבזות דל מ[שכי]ל ואין לכבד [כ]ל איש [יו]רם:

23 [נדיב] מושל ושופט נכבדו [ואי]ן גדול מ[י]רא אלהים:

24 [a]עבד משכיל הורם ועב[ד][b] [חכם][c] [ל]א יתאונן:

25 אל תתחכם לעבד חפצך ואל [ת]תכבד [במו]עד צרכך:

26 טוב עובד ויותר הון[d] [e]ממתכבד [וח]ס[ר] מתן[f]:

27 בני בענוה כבד נפשך ויתן לך ט[עם][g] כיוצא ב..[h]:

28 מרשיע נפשו מי יצדיקנו ומי יכבד מקלה נפשו:

29 יש דל נכבד בגלל שכלו ויש[i] נכבד בגלל עשרו:

29'' [j]נכבד בעשרו איככה ונקלה בעיניו איככה:

30 ה[מת]כבד בדלותו בעשרו מתכבד יתר
והנקלה בעשרו בדלותו נקלה יותר:

CHAP. XI.

1 הכמת דל תשא ראשו[k] ובין נדיבים תשיבנו[l]:

2 אל תהלל אדם בתארו ואל תתעב אדם מכוער[m] במראהו:

3 אליל בעוף דברה וראש תנובות פריה:

4 מעטה א[ב]ד אל תהתל ואל תקלס במרירי יום:
כי פלאות מעשי ייי ונעלם מֵאָדָם פעלו:

5 רבים נדכאים ישבו על כסא ובל על לב[n] עטו צניף[o]:

6 רַבִּים נְשָׂאִים נִקְלוּ מְאֹד וְהֻשְׁפְּלוּ יַחַד[p] וְגַם נִכְבָּדִים נִתְּנוּ בְּיָד[q]:

---

6 et seq.: the horizontal lines above the letters are in the original.

---

a) Prov. 17, 2. *b*) חורים יעבדו. *c*) וחכם. *d*) 40, 18. *e*) Prov. 12, 9. *f*) מזון. *g*) 25, 17 *b*. *h*) 38, 17. *i*) G—S: ועשיר. *j*) Only in H. *k*) 38, 3. *l*) תושיבנו. *m*) Only in S. *n*) ובל עלו על לב. *o*) 47, 6 *c*. *p*) These two words only in H., they are not original. *q*) Cf. Prov. 6, 5.

7 בְּטֶרֶם תַּחְקוֹר אַל־תְּסַלֵּף   בַּקֵּר לְפָנִים וְאַחַר תְּזַיֵּף:

8 בְּנִי אַל־תָּשִׁיב דָּבָר טֶרֶם תִּשְׁמָע   וּבְתוֹךְ שִׂיחָה אַל־תְּדַבֵּר:

9 באין עצבה אל תאחר[a]   וברב[b] זדים אל תקומם:

10 בני למה הרבה עשקך   ואץ להרבות לא ינקה[c]:

[d]בני אם לא תרוץ לא תגיע   ואם לא תבקש לא תמצא:

11 יש עמל ויגע ורץ   וכדי כן הוא מתאחר:

12 יש רשש ואבד   מהלך חסר כל[e] ויותר א.נש[f]:

ועין ייי צפתהו לטוב   וינעריהו מעפר צחנה[g]:

13 נשא בראשו[h] וירממהו   ויתמהו עליו רבים:

14 [i]טוב ורע חיים ומות   ריש ועושר מייי הוא:

חכמה ושכל והבין דבר   מייי הוא:

חטא[j] ודרכים ישרים   מייי הוא:

שכלות וחו[שך] לפשעים נוצרה   ומרעים רעה עמם:

15 מ[תן] צדיק...   ורצנו יצלח לעד:

16 יש מתעשר מהתענות   יחיב שכרו[k]:

17 ובעת [אמר] מצאתי נחת   ועתה א[כ]ל [מ]טובתי:

לא ידע מה יהיה חלק[l]   ועזב לא[חרי]ם[m] ומת:

18 בני ע[מד] בחוקך ובו ת הגה]   ובמלאכתך התי[שן:]

10, ∵ Referring to עשקך. — 11 et seq. see note to v. 6.

---

a) תתחר. *b*) ובריב. *c*) "to succeed", cf. 9, 12. *d*) G: "And if thou pursue, thou shalt not overtake, and thou shalt not escape by fleeing", a better reading. *e*) G—S: חסר כח. *f*) אונש "suffering". *g*) 1 Sam. 2, 8; Ps. 113, 7—8. *h*) ראשו; 11, 1. *i*) 39, 24—25; 37, 18; Is. 45, 7. *j*) G. "love"; S. חובא "love" and "sin"; חטא comes from S. *k*) G: וזה חלק שכרו. *l*) חלקו. *m*) 14, 15; Ps. 49, 11.

19 לא ת[תמה] ב[פעלי עול   ...] ליי וקוה לא[ו]רו:

כי נכה בעיני ייי   ב[פת]ע פתאם ל[העשיר דל]:

20 ברכת אל גרל צדיק   ובעת תקותו תפרח:

21 אל תאמר...   כי עשיתי חפצי ומה עתה יעזב[a] לי:

22 אל תאמר דיי   .....יהי עלי:

23 טובת יום תשכח רעה[b] (ט above טובת, ה above רעה)

25 [c]ורעת [יום] תשכח טוב ואחרית אדם תהיה עליו[d]:

" [e]עת רעה תשכח תענוג   וסוף אדם יגיד עליו:

26 [f]בטרם תחקר אדם אל תאש[רה]ו   [כי ב]אח[רית]ו יאושר אדם:

" [g]לפני מות אל תאשר גבר   כי באחריתו ינכר[h] איש:

27 [i]לא כל איש להביא אל בית   ומה רבו פ[צעי][j] רוכל[k]:

* [l]ככלוב מלא עוף   כן בתיהם מלאים [מרמה]:

28 כעוף אחוז בכל[וב] לב גאה   [m][כ]זאב ארב לטר[ף]:

[n]מה ירבו פשעי בוצע[o]   ככלב הוא באוכל בית[p]: וחומס

כן בוצע בא   ומשים ריב לכל ט[וב]תם[q]:

אורב הרוכל כדוב לבית לצים   וכמרגל יראה ערוה:

29 טוב לרע יהפך [נר]גן   ובמחמדיך יתן קשר[r]:

30 [s]מניצוץ ירבה גחלת   ואיש בליעל לדם יארב:

---

a) Ex. 23, 5. b) The meaning of ט and ה is not apparent. c) Add.: וביום רעה לא תזכר טובה. This verse = S. d) = S. — תהיה = ההוא in S., a mistake for תהוה = יגיד. e) = G.; which is the original. f) = S. g) G. Quoted by Saadia. h) Saadia: יתנכר, cf. Prov. 20, 11. i) Talmud, ib.: לא הכל תביא ביתך ... רבים היו פצעי רוכל. j) Prov. 27, 6. k) G—S: נכלי נוכל. l) Only in H. This verse is quoted by a rabbi (Talmud, ib.), but as a reminiscence of Jer. 5, 27. Here it is a scribal addition. m) Only in H. n) Doublet of 27b, but not from S. o) = רוכל, cf. 7, 6d. p) ככלב (הוא) בא בכל בית. q) Only in H. r) G: יתן דפי, cf. 7, 6d. s) Talmud, ib.: כניצוץ מבעיר גחלת.

31 נור מרע כי רע יוליד   למה מום עולם תשא:

32 לא הדבק לרשע ויסלף דרכך   ויהפכך מבריתיך[a]:

CHAP. XII.

1 אם טוב תריע למי תטיב   ויהי תקוה לטובתך:

XI, 32" משוכן זָרִיו[b] זָהִיר דרכיך   וינכרך[c] במחמדיך:

2 היטב לצדיק ומצא תשלומת   אם לא ממנו מייי:

3 אין טובה למנוח[d] רשע   וגם צדקה לא עשה:

5e פי שנים[e] רע תשיג בעת צורך   בכל טובה תגיע אליו:

5c כלי לחם אל תתן לו   למה בם יקביל[f] אליך:

6 כי גם אֵל שונא רָעים   ולרשעים ישיב נקם[g]:

7 תן לטוב ומנע מרע   5 הקיר[h] מך ואל תתן לזד:

8 לא יודע בטובה אוהב   ולא יכוסה ברעה שונא:

9 בטובה[i] איש גם שונא ריע   וברעתו גם ריע בודד:

10 אל תאמין בשונא[j] לעד   כי כנחשת רועו יחליא:

11 וגם אם ישמע לך ויהלך בנחת[k]:   תן לבך להתירא ממנו

היה לו כמגלה רז: ולא ימצא להשחיתך ודע אחרית קנאה:

12 אל תעמידהו אצלך   למה יהדפך ויעמד תחתיך:

אל תושיבהו לימינך   למה יבקש מושבך:

ולאחור תשיג אמרי   ולאנחתי תתאנח:

13 מי יוחן חובר נשוך   וכל הקרב אל חית שן:

---

13. The copyist had at first written מה, which he then corrected, adding the vowel. — 13*b*. Originally there were three dots on margin, referring to חית, the *yod* of which had been omitted. In place of the dots עז was then written, which gives no sense.

---

a) = S. G. מבני ביתך. *b*) זר. *c*) "He should make thee a stranger". *d*) למניח, cf. Prov. 29, 17. *e*) 18, 31; 48, 12*c*. *f*) Ez. 26, 9. *g*) Deut. 32, 41. *h*) הוקיר. *i*) 6, 10; Prov. 19, 4. *j*) Prov. 26, 25. *k*) G—S: כפוף.

14 כן חובר אל אשת[a] זדון — ומתגלל בעונתיו
לא יעבר: עד תבער בו אש:
15 [b]כאשר יבוא עמך: לא יתגלה לך — ואם תפול לא יפול[c] להצילך
" עד-עת[d] עמד לא יופיע — ואם נמוט[e] לא יתכלכל:
16 בשפתיו יתמהמה[f] צר — ובלבו יחשוב מהמרות[g] עמוקות:
וגם אם בעיניו ידמיע אויב — אם מצא עת לא ישבע דם:
17 אם רע קראך נמצא שם — כאיש סומך יחפש עקב:
18 ראש יניע והניף ידו — ולרובה[h] לחש ישנא פנים:

CHAP. XIII.

1 נוגע בזפת תדבק ידו — וחובר אל לץ ילמד דרכו:
2 כבד ממך מה[i] תשא — ואל עשיר ממך מה תתחבר:
מה יתחבר פרור אל סיר — אשר הוא נוקש[j] בו והוא נשבר:
או מה יתחבר עשיר אל דל:
3 עשיר יענה הוא יתנוה[k] — ועל[l] דל נעוה הוא יתחנן:
4 אם תכשר לו יעבד בך — ואם תכרע יחמל[m] עליך:
5 אם שלך[n] ייטיב דבריו עמך — וירששך ולא יכאב לו:
6 צריך לו עמך והשיע[o] לך — ושוחק לך[p] והבטיחך:

---

2. מה had been omitted; it was then written above the line. — 2 *c.* the same has happened with the ת of יתחבר. — 2 *e.* same with ת.

---

a) איש. *b*) = S. כאשר a poor translation of כמא "whilst"; עמך = S, a mistake for עמד. *c*) S read לא תכל לך instead of לא יתכלכל; H. is a correction of S. *d*) 4, 17*c*. *e*) תמוט. *f*) יתמתק = G; cf. 40, 30. *g*) Ps. 140, 11. *h*) ולרוב. *i*) = לא. *j*) from נקש. Dan. 5, 6. *k*) יתאנח or יהמה (= S.). Prov. 19, 23. *l*) Delete על. *m*) G—S: יעזב, better reading. *n*) יש לך. *o*) From שעע; cf. Prov. 8, 30, where שעשעים is translated by S as here. *p*) "To laugh at", cf. 12*c*; 4, 1.

7	עד אשר יועיל יהתל בך:	פעמים שלש יעריצך[a]
	ובכן יראך והתעבר[b] בך	ובראשו יניע אליך[c]:
8	השמר אל תרהב מאד	ואל תדמה[d] בְּחֲסֵירֵי[e] מַדַּע:
9	קָרֵב̄ נדיב היה רחוק	וכדי כן יגישך:
10	אל תתקרב פן תתרחק	ואל התרחק פן תשנא[f]:
11	אל תבטח לחפש עמו	ואל תאמן לרב שיחו:
	ת	
12	כי מרבות שיחו נסיון[g]	ושחק לך וחקרך:
	[h]אכזרי יתן מושל ולא יחמל על נפש רבים קושר קשר:	
13	השמר והיה זהיר	ואל תהלך עם אנשי חמס:
14	כל הבשר יאהב מינו	וכל אדם את הדומה לו[i]:
15	מין כל בשר אצלו	ואל מינו יחובר אדם:
16	מה יחובר זאב אל כבש	כך[j] רשע לצדיק:
״ 17b	וכן עשיר אל איש נאצל[k]	17 מאיש[l] שלום צבוע: אל כלב
	מאין שלום[m]	עשיר אל רש:
18	מאכל ארי פראי מדבר	כן מרעית עשיר דלים:
19	תועבת גאוה ענוה	ותועבת עשיר אביון:
20	עשיר מוט[n] בסמך[o] מרע	ודל נמוט נדחה מרע[p] אל רע:
		ה
21	עשיר מדבר ועזריו רבים	ודבריו מכיערים מופים[q]:
	דל נמוט גע גע ושא[r]	ודבר משכיל ואין לו מקום:

9. The line over the ב is in the ms.
21. Three dots referring to מופין.

a) Probably "to extort". *b*) Cf. Prov. 14, 16 "to go on". *c*) 12, 18. *d*) Niphal. *e*) G—S. בחסר. *f*) G: תִּנָּשֵׂא. *g*) Saadia: כי ברב שיח מנסה אותך. *h*) Unintelligible. *i*) Talmud *Baba Kamma* 92*b*: כל עוף למינו ישכון ובן אדם לדומה לו. *j*) כן. *k*) 42, 21*c*. *l*) מה ישׁ or ומה ישלם. *m*) A similar corruption. *n*) מט, cf. יוד, 5, 13. *o*) נסמך. *p*) מֵרֵעַ. *q*) מחופים (Schechter), or מיפים = S. *r*) ישאו.

22 עשיר דובר הכל נסכתו[a]   ואת שכלו עד עב יגיעו[b]:
דל דובר מי זה יאמרו   ואם נתקל גם הם יהדפוהו:
23 טוב העושר אם אין עון   ורע העוני על פי זדון:
24 [c]לב אנוש ישנא פניו[d]   אם לטוב ואם לרע:
2 עקבת לב טוב פנים אורים   ושיג ישיח[e] מחשבת עמל:

CHAP. XIV.

1 אשרי אנוש לא עצבו פיהו   ולא אבה[f] עליו דין[g] לבו:
2 אשרי איש לא חסרתו נפשו   ולא שבתה תוחלתו[h]:
3 ללב קטן לא נאוה עושר   ולאיש רע עין לא נאוה חרוץ:
4 מונע נפשו[i] יקבץ לאחר   ובטובתו יתבעבע זר:
5 רע לנפשו למי ייטיב   ולא יקרה[j] בטובתו:
6 רע לנפשו אין רע ממנו   ועמו תשלומת רעתו:
9 בעין כושל[k] מְעָט הוא חלקו   ולוקח חלק רעהו מאבד חלקו[l]:
10 עין רע עין תעיט על לחם[m]   ומהומה[n] על שלחנו:
11 עין טובה מרבה הלחם[o]   ומעין יבש יזל מים על השלחן[p]:

24 *b*. Dot over רע, indicating that לרׄע is to be read.

a) From סכת. *b*) Job 20, 6. *c*) Prov. 15, 13. Quoted in *Bereshit Rabba* 73. *d*) Koh. 8, 1. *e*) 1 Kings, 18, 27, but with an other signification. *f*) אנה. *g*) "sorrow", cf. 30, 21 etc. *h*) 25, 8. *i*) מנפשו. *j*) = נקרא in S. "to enjoy". *k*) "covetous, avaricious"? *l*) Retranslation from S. (whose transl. is wrong), with a reminiscence of *Tosefta Sota* 4, 16. G: "And *wicked injustice* dried up his soul". "Wicked injustice" is a mistake: G read עון רע instead of עין רע. S read רֵעַ! The original was ועין רע מיבש נפש. *m*) 1 Sam. 15, 19. G: תעין, cf. 1 Sam. 18, 9. *n*) Scribal error, cf. Prov. 15, 16. Read בצרת. *o*) = S: "The covetous finds too much bread and throws dryness upon the table". The retranslator rendered מסגא by "increases" and changed עין רעה into עין טובה. *p*) S: ויבישא רמיא על פתורא. The retranslator read דמיא instead of רמיא. מעין and יזל were added to complete the meaning: therefore the length of this line.

11 בני אם יש לך שָׁרֵות[a] נפשך ואם יש לך היטיב לך ולאל ידך הדשן:

12 זכור כי לא בשאול תענוג[b] ולא מות יתמהמה:

12b וחוק לשאול לא הגד לך[c] 13 בטרם תמות היטב לאוהב[d]:

13b והשינת ידך[e] תן לו 14 [f] אל תמנע מטובת יום:

14b ובהלקח אח[g] אל תעבר [h] וחמוד רע אל תחמוד:

15 הלא לאחר תעזב[i] חילך ויגיעך ליודי גורל:

16 תן לאח[j] ותין[k] ופנק נפשך [l] כי אין בשאול לבקש תענוג
וכל דבר שיפה : לעשות לפני אלהים עשה[m]

17 כל הבשר כבגד יבלה[n] וחוק עולם גוע יגועו[o]:

18 כפרח עלה על עץ רענן שזה נובל ואחר צומח[p]:
כן דורות בשר ודם אחד גוע ואחד[q] גומל:

19 כל מעשיו רקוב ירקבו ופעל ידיו ימשך אחריו[r]:

20 אשרי אנוש בחכמה יהגה ובתבונה ישעה[s]:

---

11. Line over ח in ms. — 16. ∴ referring to ותין. — 16 *d.* לפני, written at first on marg., then placed above the line. — 18 *b.* The copyist had at first written גומל. — 18 *c-d.* Verse on marg. The scribe had at first written כן ארחות; but the reading of the second word is uncertain.

---

a) אם יש לך שרת נפשך .שרת, a doublet of the second stichos, and only in S. Rab (IVth century) quotes this verse: בני אם יש לך היטיב לך (*Erubin* 54*a*), without the addition. Cf. Prov. 3, 27, 28. *b*) A dittogr. of 16*b*, agreeing with Talmud, *ib:* שאין בשאול תענוג ואין למות התמהמה. *c*) Talmud, *ib:* חק בשאול מי יגיד לך; G—S: וחק שאול. *d*) Prov. 3, 27—28. *e*) 32, 10. *f*) Koh. 7, 14. *g*) וחלק חמד "a desirable part". *h*) = S. *i*) 11, 17*d*. *j*) וקח. *k*) Delete ותין. *l*) 17, 22. This Epicurean opinion displeased S, who substituted the following. *m*) Retranslation from S. *n*) Ps. 102, 27. *o*) = S, G: מות נמות (Gen. 2, 17). *p*) Rab, Talmud, *ib:* בני אדם דומים לעשבי השדה הללו נוצצים והללו נובלין. *q*) ואחר. *r*) Job 21, 33; Apocal. 14, 13. *s*) Ps. 119, 117.

21	השם על דרכיה לבו	ובתבונתיה[a] יתבונן:
22	לצאת אחריה בחקר[b]	וכל מבואיה ירצד[c]:
23	המשקיף בעד חלונה[d]	ועל פתחיה יצותת[e]:
24	החונה סביבות ביתה[f]	והביא יתריו[g] בקירה:
25	ונוטה אהלו על ידה	ושכן שכן טוב:
26	וישים קנו בעפיה[h]	ובענפיה יתלונן:
27	וחוסה בצלה מחרב[i]	ובמעונותיה ישכן:

CHAP. XV.

1	כי ירא ייי יעשה זאת[j]	ותופש תורה[k] ידריכנה:
2	וקדמתהו כאם	וכאשת נעורים תקבלנו:
3	והאכלתהו לחם שכל[l]	ומי תבונה תשקנו:
4	ונשען עליה ולא ימוט	ובה יבטח ולא יבוש[m]:
5	ורוממתהו מרעהו	ובתוך קהל תפתח פיו[n]:
6	ששון ושמחה ימצא[o]	ושם עולם תורישנו:
7	לא ידריכוה מתי שוא[p]	ואנשי זדון לא יראוה:
8	רחוקה היא מלצים	ואנשי כזב לא יזכרוה:
9	לא נאתה תהלה[q] בפי רשע	כי לא מאל נחלקה לו:

---

23. Before חלונה a ה, which has been crossed out.
8 *b*. Scribe had at first written תבואה, which he corrected on marg.
9. Verse omitted by scribe and written above the line.

---

a) נתיבותיה (Schechter). *b*) כחקר (id.). *c*) Ps. 68, 17; signification doubtful. ירצד = יארב. *d*) 21, 23; Gen. 26, 8 etc. *e*) An Aramaism. *f*) Ps. 34, 8. *g*) יתירון, or better יתדן. *h*) Num. 24, 21. *i*) מֵחֹרֶב Jud. 9, 15; Ps. 57, 2 etc. *j*) S. and Latin: כן. *k*) Jer. 2, 8. *l*) Prov. 9, 5. *m*) Ps. 22, 6. *n*) Ib. 24, 7. *o*) Is. 51, 3. *p*) Job 22, 15. *q*) Ps. 33, 1.

10 בפה חכם תאמר תהלה   ומשל[a] בה ילמדנה:

11 אל תאמר מאל פשעי   כי את אשר שנא לא עשה:

12 פן תאמר הוא התקילני[b]   כי אין צורך באנשי חמס:

13 רעה ותעבה שנא ייי   ואל יאננה ליראיו[c]:

ט ה

14 אלהים מבראשית א ברא אדם[d]

וישיתהו ביד חותפו ויתנהו ביד יצרו[e]:

15 אם תחפץ תשמר מצוה   ותבונה[f] לעשות רצונו:

" [g]אם תאמין בו גם אתה תחיה   16 מוצק[h] לפניך אש ומים

באשר תחפץ שלח ידיך:

17 [i]לפני אדם חיים ומוות   אשר יחפץ ינתן לו:

18 ספקה[j] חכמת ייי   אמיץ גבורות וחוזה כל[k]:

19 עיני אל יראו מעשיו   והו יכיר על[l] כל מפעל איש:

20 לא צוה אנוש לחטא   ולא החלים[m] אנשי כזב:

לא מרחם[n] על עושה שוא   ועל מגלה סוד[o]:

CHAP. XVI.

1 אל תתאוה תואר[p] נערי שוא   ואל תשמח בבני עולה:

2 וגם אם פרו אל תבע[q] בם   אם אין אתם יראת ייי:

3 אל תאמין בחייהם   ואל תבטח בעקבותם[r]:

---

a) God. *b*) 13, 22*d*. *c*) Ex. 21, 13; Prov. 12, 21. *d*) For the superlinear letters, see 11, 23. *e*) Doublets. *f*) Complement of תשמר. G—S: ואמונה. l. 4, G: σύνεσις φρονήσεως (= דעת תבונה); S: דעת אמונה. *g*) Retranslation of S., a Christian interpretation. *h*) מוצג (Bacher), or היצג. *i*) Deut. 30, 15. *j*) "abundant", 31, 12*c*, 30. *k*) 44, 3*c*. *l*) Delete על. *m*) 49, 10*c*; Is. 33, 18. *n*) S. confused החלים with רחם — נחם. H's reading from S. *o*) An unintelligible addition, to fill the line. *p*) G—S: רב. *q*) 14, 4. *r*) עקבותם = אחריתם, cf. Targ. Gen. 3, 15. S. has paraphrased this word.

" [a]כי לא תהיה להם אחרית טובה:

3 כי טוב אחד עושה רצון מאלף[b]

ומות ערירי ממי שהיו לו בנים רבים ..לה[c]:

" ומאחרית זדון[d]:

4 מאחד ערירי[e] ירא ייי תשב[f] עיר   וממשפחת בגדים תחרב:

5 רבות כאלה ראתה עיני[g]   ועצמות כאלה שמעה אזני:

6 בעדת רשעים יוקדת אש[h]   ובגוי חנף נצתה חמה:

7 אשר לא נשא לנסכי[i] קדם   המורים עולם בגבורתם[j]:

8 ולא ע חמל על מגורי לוט   [k]המתעברים[l] בגאותם:

9 ולא חמל על גוי חרם[m]   הנודשים[n] בעונם:

10 כן שש מאות אלף רגלי[o]   הנאספים בזדון לבם:

11 ואף כי אחד מקשה ערף   תמה זה אם ינקה:

[p]כי רחמים ואף עמו   ונושא וסולח   ועל רשעים יגיה רגזו:

12 כרב רחמיו כן הוכחתו   איש כמפעליו ישפט:

13 אל ימלט בגזל עול[q]   ולא ישבית תאות צדיק לעולם[r]:

14 כל העושה צדקה יש לו שכר   וכל אדם כמעשיו יצא[s] לפניו:

ייי הקשה את לב פרעה אשר לא ידעו[t]

[u]שמעשיו מגולים תחת השמים

---

13. לא.

---

a) Retranslation of this paraphrase. *b*) Ps. 84, 11. *c*) עולה. Stichos from S. *d*) G has original reading: ומות ערירי מאחרית זדון. *e*) Del. ערירי, dittogr. of 3*d*. *f*) Nissim of Kairouan quotes this verse reading התישב. *g*) 43, 32; Job 16, 2. *h*) Is. 65, 5; 10, 6. *i*) The giants. *j*) Gen. 6, 4: הגבורים אשר מעולם. *k*) Ez. 16, 49. *l*) "Who took pleasure in transgressing". *m*) 46, 6*c*. *n*) הנדושים, Is. 25, 10. *o*) 46, 8; Num. 11, 21. *p*) 5, 6. *q*) Prov. 19, 5. *r*) *Ib.* 10, 24; 11, 23. *s*) ימצא = G—S. *t*) Ex. 5, 2. *u*) Not original.

רחמיו : יראו לכל בריותיו   ואורו ושבחו[a] חלק לבני אדם :

15 אל תאמר מאל נסתרתי[b]   ובמרום מי יזכרני :

בעם כבד[c] לא אודע   [d]ומה נפשי בקצות רוחות כל בני אדם :

16 הן השמים ושמי השמים[e] ותהום וארץ :

ברדתו עליהם עֻמודים[f] בפקדו וכרגשו[g] :

17 אף קצבי הרים ויסודי תבל[h]   בהביטו אליהם רעש ירעשו[i] :

18 גם עלי לא ישים לב   ובדרכי מי יתבונן :

89 אם חטאתי לא תראני עין   או אם אכזב בכל סתר מי יודע :

20 (מה) מעשה צדק מי יגידנו   ותקות מה[j] כי אצוק[k] חוק :

21 חסרי לב יבינו[l] אלה   ונבר ״ הה[m] יחשב זאת :

22 שמעו אלי וקחו שכלי   ועל דברי שימו לב :

23 אביעה במשקל רוחי[n]   ובהצנע אחוה דעי[o] :

24 כברא[p] אל מעשיו מראש   על חייהם . . .

CHAP. XVIII.

30 . . . . .שונא[q] :

31 אל תשמח אל שמץ[r] תענוג   אשר פי שנים[s] רישו :

32 אל תהי זולל וסובא[t]   ומאומ[ה] אין בכים :

---

a) וחשכו. *b*) 23, 18—21. Quoted by Saadia. *c*) Num. 20, 20. *d*) Saadia: או מי נפשי בקצות רוחות; del. כל בני אדם, taken from S. *e*) Deut. 10, 14; 1 K. 8, 27. *f*) Lapsus for מועדים, like S. *g*) ירגשו. Text a combination of the original (= G): בפקדו ירגשו, and of the re-translation of S: ברדתו עליהם עומדים. *h*) Jonah 2, 7. *i*) Ps. 104, 32; Nah. 1, 5. *j*) Cf. 31, 27c'', and Jer. 8, 9. *k*) אצוק "I make, I observe"? *l*) יבינו "imagine". *m*) פותה. *n*) Prov. 1, 23; Job 28, 85. *o*) Job 32, 10, 17. *p*) בברא. *q*) = 5, 2; 6, 3. *r*) 10, 10. *s*) 12, 5*e*; 48, 12*c*. *t*) Prov. 23, 20—21; Deut. 21, 20.

CHAP. XIX.

1 [a]פועל זאת [לא י] עשיר   ובוזה מעוטים [ית]ערער[b] :

2 [c]יין ונשים [יפח]יזו[d] לב   ונפש עזה [ת]שחית בעליה[e] :

CHAP. XX.

4 [f]יש [מחרי]ש ונחשב [חכם   ו]יש נמאס בריב[g] ש[יח :]

5 יש מחריש מאין מענה   ויש מחריש כי ראה עת[:]

6 חכם מחריש עד עת   וכסיל לא ישמור עת :

12(? [h]חכם במעט דבר נפשו   וטובת כסילים ישפוך[i] חכמה[j] :

CHAP. XXV.

7c or 8b אשרי ש

8c [ואינו] עבד נקלה [ממנו :]

8a [אשרי] בעל אשה מ[שכלת   [k][ואינו] חורש בשור [ובחמור יחדו :]

12 כל מכה ולא כ[מכת] לב   כל רעה ולא כר[עת אשה :]

16 רע אשה ישחיר מראה איש   ויקדיר פניו לדוב :

17 בין רעים ישב בעלה   ובלא טעמו יתאנח :

18 מעט רעה כרעת אשה   גורל חוטא יפול עליה :

19 כמעלה [חול ברגל זקן   כן] אשת [לשון[l] לאיש מך :]

20 אל תפול [ביפי אש]ה   ועל יש לה[m] [אל תחמ]ד :

21 כי בעוה[n] ......ה בושת   אשה מכלכלת [את] בעלה :

---

a) Prov, 21, 17. *b*) Jer. 51, 58. *c*) Hosea 4, 11. *d*) 8, 2*c*. *e*) 6, 3. *f*) Prov. 17, 28. *g*) ברוב. *h*) Verse in ms. D after 37, 26. G: חכם במעט דבר יאהיב נפשו. *i*) תשפך. *j*) Perhaps חנם. *k*) Lev. 19, 19; Deut. 22, 10. *l*) 8, 3; 9, 18. *m*) 13, 5. *n*) עבדה = S, or עברה = G. Perhaps: כי עברה עזה ורב בשת, cf. Gen. 49, 7.

22c רפיון ידים [וכ]שלון ברכים — אשה לא תאשר את בעלה:

23 מאשה תחלת עון — ובגללה גוענו יחד:

CHAP. XXVI.

1 [a]אשה טובה אשרי בעלה — ומספר ימיו כפלים:

2 אשת חיל תדשן לבעלה[b] — . . . .

CHAP. XXX.

11 אל תמשילהו בנעוריו — ואל תשא לשחיתותיו[c]:

12 כפתן על חי תפגע[d] — רציץ מתניו שעודנו[e] נער:

" [f]כיף ראשו בנערותו — ובקע מתניו כשהוא קטן:

12c למה ישקה[g] ומרה בך — ונולד ממנו מפח נפש[h]:

13 יסר בנך והכבד עולו[i] — פן באולהו יתלע[j] בך:

14 טוב מסכן וחי בעצמו[k] — מעשיר ונגע בבשרו:

15 חיי שר[l] אויתי מפז — ורוח טובה מפנינים:

16 אין עושר על עושר[m] שר עצם — ואין טובה על טוב לבב:

---

11 *b.* מש' = משחיתותיו. — 12 *c.* ישקיח, יקשיח. — 12 *d.* ולוד ממך; below ונולד : ולד. — 13 *b.* יתעל. — 15. בשר, שאר. — 16. שאר. — 16 *b.* שאר.

---

a) Talmud *San.* 100*b*: אשה יפה אשרי בעלה מספר ימיו כפלים.
b) For the ל, cf. 4, 7, 11*b*. *c*) Dan. 2, 9. *d*) Altered. Cf. Ez. 29, 7.
e) בעודנו. *f*) From S. נערות for נעורים, a retranslation of S.
g) יקשיח. *h*) Job 11, 20. *i*) 7, 23 and 1 K. 12, 10. *j*) יתעל = יתעלה, Jer. 51, 3. *k*) 14 חי בעצמו "being in good bodily health".
l) Prov. 3, 8; חיי בשר = חיי בשרים Prov. 14, 30. *m*) Not in G—S, but attested by Latin.

17 [a]טוב למות מחיי שוא   ונוחת עולם מכאב נֶאמן:

" [b]טוב למות מחיים רעים   ולירד[c] שאול מכאב עומד:

18 טובה שפוכה על פהׂ סתום   תנופה מצגת לפני גלול[e]:

20[b] כׄאשר סירים[h] יחבק נערה ומתאנח   כן עושה באונׄס משפט:

" [i]כן נאמן[j] לן עם בתולה   וויי מבקש מידו:

21 [k]אל תתן לדין[l] נפשך   ואל הכשל בעׄונך[m]:

22 שמחת לבב הם חיי איש   וגיל אדם האריך אפו[n]:

23 פת[o] נפשך ופיינ[p] לבך   וקצפון[q] הרחק ממך:

[r]כי רבים הרג דין   ואין תעלה[s] בקצפון:

24 קנאה ודין יקצרו ימים   ובלא עת תזקין דאגה:

25 (= XXXIII, 12) שנות[t] לב טוב תחת מטעמים   ומאכלו יעלה עליו:

---

17 *b*. מחיים רעים: — 17 *b*''. ולוד ושא'; וְלֵרֵד לשאול. — 18, *d*. פום. —
18 *b*. מצגת גלול: — 19-20, verses omitted:

19 מה י... [f] לאללי הגוים   אשר לא יאכלון ולא יריחון[g]

כן מי [שי]שׁ לו עושר   ואין נהנה ממנו [:]

20 בעינו [רואה ומתאנח]

20 *c*. בנזל. — 20 *c*''. בידן. — 21 *b*. בעצתך; ואל הכשילך עצתך. —
24. Gloss is missing.

---

a) = G. *b*) From S. *c*) A rabbinic form, for לרדת. *d*) Aram. *e*) גלול sing. of גלולים. *f*) ייטב. *g*) Ps. 115, 6. *h*) סרים. *i*) From S. *j*) A bad translation of מהימנא "eunuch". *k*) Talmud *Sanhedrin* 100 *b*: לא תיעול דויא בלבך. *l*) 14, 1; 9, 6. *m*) בעצתך; cf. 14, 1; 4, 22 *b*. *n*) ימין, false reminiscence of Prov. 19, 11. *o*) = פתה. *p*) פיינ an Aramaism. *q*) קצפון "grief" = קצף, cf. 7, 16, עברון = עברה. *r*) Talmud, *ib*. דנברי גברין קטל דויא. *s*) תעלה, cf. 41, 14*c*. *t*) שנות not in G—S.

CHAP. XXXI (XXXIV).

1	שקר עשיר ימחה שארו	דאגת מחיה תפריע נומה:
2	דאגת מחיה תפריג נומה	ומחלי חזק תפריע נומה:
XXVII, 16)	רע נאמן תניד חרפה[d]	ומסתיר סוד[e] אוהב כנפש:)
3	עמלי עשיר לקבל[f] הון	ואם ינוח לקבל תענוג[g]:
4	יגע[h] עני לחסר ביתו	ואם ינוח יהיה צריך[i]:
"	עמל עני לחסר כחו	ואם ינוח לא נחה[j] לו:
5	רודף חרוץ לא ינקה[k]	ואוהב מחיר בו ישגה:
6	רבים היו חבולי[l] זהב	והבוטח[m] על פנינים:
	[n]ולא מצאו להנצל מרעה	וגם להושע ביום עברה:
7	כי תקלה הוא לאויל	וכל פותה יוקש בו:
8	אשרי איש[o] נמצא תמים	ואחר ממון לא נלוז:
9	מי הוא זה ונאשרנו	כי הפליא לעשות בעמו[p]:
10	מי הוא זה שנדבק[q] בו	והיה לו שלום[r] והיה לו תפארת:
"	[s]כי ברכות שלום חייו	אהיה לך לתפארת:

XXXI, 1. *a.* שקד. — 1 *b.* תפריג crossed out; ראנתו[b] תפריג נומה. — 2 *b.* ומחלה חז' תפריג *c.* — XXVII, 16. תנוד. — 3. עמל. — 3 *b.* עמל. — 5. חריץ. — 5 *b.* במח'. — 6. חללי. — 6 *c-d*: ולא מצאו להנצל ביום עברה ולהושיע ביום רעה. — 7 *b.* פתח. — 8. מצא. — 9. מי הוא תאשרנו כי הפליא לעשות. — 10. הנדבק. — 10 *b.* לתפארה, תפארת.

---

a) Good reading. *b*) It.; cf. 42, 9. *c*) It. *d*) 22, 18*b*, 20. *e*) Add ימצא, 7, 21; 37, 2*b*. *f*) Dittogr. from *b*, read לקבץ. *g*) 41, 1. *h*) From S. In Syr. עומרא means "life" and "abode"; translator chose second meaning. *i*) Syr., "indigent". *j*) נָחָה. *k*) Prov. 28, 20. *l*) From חבל "to wound", or "to bind"; cf. אסירי התקוה Zach. 9, 12. *m*) הבוטחים. *n*) Prov. 11, 4. *o*) עשיר (G—S). *p*) Jud. 13, 19. *q*) A mistake for הנבדק; same in S. *r*) From S.; bad translation of וישלם. *s*) These two verses are unintelligible variants.

''' מי ברכו וישלם חייו — היא לך לתפארת:

מי יוכל לסור ולא סר — ולהרע רע ולא אבה:

11 על כן חזק[a] טובו — ותהלתו יספר קהל[b]:

מוסר לחם ויין יחדו.

12 בני אם על שלחן גדול ישבתה[c] — אל תפתח עליו גרנך:

אל תאמר ספוק[d] עליו — 13 זכור כי רעה עין רעה:

'' רע עין שונא אל — ורע ממנו לא ברא:

'' [e]כי זה[f] מפני כל דבר תזוע עין — ומפנים דמעה תדמע:

13[b] רע מעין לא חלק אל — על כן מפני כל נס לחה[g]:

14 מקום יביט אל אל תושיט יד — ואל דיחד[h] עמו בטנא:

15 דעה רעך כנפשך — ובכל ששנאת התבונן:

16 הסב כאיש אשר נבחר — ואל תעט[i] פן תגעל:

15''[j] רע שרעך כמוך

16'' ואכול כאיש דבר ששם לפניך ולא תהיה גרגרן פן תמאס:

17 חדל [ראש]ון בעבור מוסר — ואל [ת]ל[ע][k] פן תמאס:

18 וגם אם בין רבים ישבת — לפני רע אל תושט יד:

10''' .אהיה לך להתפאר — 12, .איש — 12 *b*, .גרון — 13, .רע — 13 *c*''. .תזיע — 13 *d*''. .תזיע — 13 *b*. .אל. חלק — .רע מ' — 13 *c*. .על כל מלפני — 14. .השית — 14 *b*. .היחד — 15. .ר.ל, in ink which looks quite modern. — 15 *b*. .וכל אשר — 16. אכל כאיש נכה ואל תעט פן תגלו; and then תגלע, a variant of the last word.

---

a) יחזק. *b*) 44, 15. *c*) Prov. 23, 12. *d*) Infra 20; 15, 8. *e*) Bad retranslation from S. *f*) = מטל הנא "therefore"! *g*) נס לחה (Deut. 24, 7) is not original; read תמעך or תדמע. *h*) תחד = היחד, or תדחק. *i*) 14, 10. *j*) = S. with all the additions of S. *k*) From לוע.

19 הלא די אנוש נבון מזער ועל יצועיו לא ישיק[a]:

20' מכאוב ונדד ישינה[b] וצער ותשניק ופני[c] הפוכות עם איש כסיל[d]:

20'' שנות חיים על קרב צולל[e] וקם בבקר ונפשו א[תו:]

20''' [f] ש[נות חיים עם] איש נבון [י]לין עד בקר ונפשו עמו:

21 . . . . ו ותמצא נחת:

. . . .

22 בכל מעשיך היה צנוע[g] וכל אסון לא יגע בך:

19'' [h] הלא די אנוש נבון מזער

21'' וגם אם נאנסתה במטעמים קוה[i] קוה[j] וינוח לך:

22 [k] שמע בני ואל תבוז לי ובאחרית תשיג אמ[רי]:

'' [l] שמע בני וקח מוסרי ואל תלעיג עלי ובאחרית המצא דברי:

23 [m] טוב על לחם הברך שפה עדות טובו נאמנה[n]:

24 רע על לחם ירגז בשער דעת רועו נאמנה:

25 וגם על היין אל תתגבר[o] כי רבים הכשיל הירוש[p]:

26 כור בוחן מעשה לוטש כן היין למצות לצים:

26'' נבון[q] בוחן מעשה מעשה[r] כן שכר לריב לצים:

27 למי היין חיים לאנוש[s] אם ישתנו במתכנתו:

[t] מה חיים חסר היין שהיא מראשית לש[מ]חה נו[צר]:

---

19. נבון מועד. — 19 *b*. יצורין. — 20 *c*. ישנה. — 20 *d*. ופנים. — 22 *b*''. תלענ. — 24 *b*. עדות. — 26. ביהן. — 26 *b*. כי היית מצות. — 27 *d*. באר שית נוצרו.

---

a) Doubtfull meaning, ישיק "to burn" or ישיק "to overflow", "to vomit?" *b*) ונדד שנה; cf. 37, 30. *c*) "inside". *d*) See 14, 9. *e*) "having a clear head". *f*) = S. *g*) 16, 25; 42, 8 *d*. In Tal. Yer. *Yoma*, 43 *c*, צנוע is opposed to גרגרן "a glutton". *h*) Dittogr. *i*) קום. *j*) "vomite". *k*) 12, 12. *l*) = S. *m*) Prov. 22, 9. *n*) Pun on Ps. 19, 8. *o*) Is. 5, 22. *p*) 30, 23 *c*. *q*) כור. *r*) Dittogr. *s*) G: כמו חיים היין לאנוש. *t*) S; cf. Ps. 104, 15.

28 שמחה לב וששון ועדוי[a]   יין נשתה בעתו וראי[b]:

"27c[c] חיי מה[d] לחסר תירוש   והוא לגיל נחלק מראש:

29 כאב ראש לענה[e] וקלון   יין נשתה בתחרה וכעס:

30 מרבה חמר לכסיל מוקש   מחסר כח ומספק[f] פצע:

31 במשתה היין אל [תחרף] רע   [וא]ל....[g]

דבר חרפה[h] אל[תאמר לו   ואל תנץ] אתו לעיני בני אדם:

CHAP. XXXII (XXXV).

1 . . . .

1" היה להם כאחד מהם[i]: דאג להם ואחר תסוב

2 הכין צרכם ואחר תרבץ:

למען תשמח בכבודם   ועל מוסר תשא שכל:

3 מלל שב כי הוא לך   והצנע שכל ואל תמנע שיר:

4 במקום היין אל תשפך שיח ובלא מזמר[k]

מה תשפך שיח ובל עת מה התחכם:

5 [l]כחותם על כים זהב   שיר אל[m] על משתה היין:

---

28 *b.* בעת. — 30. נוקש. — 30 *b.* פחד. — 31 *b.* תחרפהו. — XXXII, 1. אין נ'ם פסוק[אבא אן פסוק איסת נוסבהא דיגר[i], as conjectured by Bacher. — 2. ובכין. — 3. סבבי; שבכי הולך. — 2 *b.* לכת. — 5 *b.* שירת.

---

a) A translation of S עדנא in *b*. *b*) = בראוי. *c*) Original reading *d*) 16, 22; Jer. 8, 9. *e*) In no version; reminiscence of ראש ולענה. *f*) 12 *c*. *g*) ולא הבישנו בשמחתו. *h*) Original had חסד. *i*) Persian note: "This half of the verse is found with this verse in the other MSS.", referring to 1 *b*. The copy followed by the scribe contained the two stichoi of the preceeding line; the other copies agreed with the recension of G, having only one hemistich. 1 *b* stood in the preceeding line. *j*) Cf. II Macc. 2, 27. *k*) ובמקום זמר. *l*) = S *m*) Intentional addition, contrary to author's thought, which is found in S.

5'' [a]כומז אודם על נֹיבֹ זהב משפט שיר על משתה היין:

6 [b]כרביד זהב ובו נפך וספיר כך נאים דברים יפים[c] על משתה היין:

'' [d]מלֹואות פז וחותם ברקת קול מזמור על נועם תירוש:

7 דבר נער אם צריך אתֹה בחזק פעמים ושלש אם ישאֹלך:

8 כלל אמר ומעט[g] הרבה ודמה ליודע ומחריש יחדו:

9 בין זקנים אל תקומם[h] ושרים אל תרב לטרד:

10 לפני ברד[i] ינצח[j] ברק ולפני דכא ינצח חן[k]:

'' [l]לפני ברדֹ ינצח ברֹק ולפני בושי[m] חן:

11 בעת מפקד אל תתאחר פטר[n] לביתך ושלם רצון:

'' בעת שלחן אל תרבה דברים ואם עלה על לבך דבר:

12 [o][פטר] ל[בית]ך ושלם רצון[p] ביראת אל ולא בחסר כל[q]:

13 [ועל [כ]ל [א]לה ברך עושך המרוך מטובתו:

15'' [r]דורש [א]ל [י]ק[ו]ה רֹצון ומתלהלה יוקש בו:

14 דורש אל יקח מוסר ומשחרהו ישיג מענה:

'' [s]דורש חפצי אל יקֹח לקח ויענהו בתפלתו:

15 דורש תורה יפיקנה[t] ומתלהלה יוקש בה:

5''. נוב, זיר. — 6. נהפך ספיר. — 6''. מלא. — 7. [e]אתך. — 7 *b*. [f]ישא לך. — 10''. At first the scribe wrote: בדד ינצח ברך; this he crossed out and then wrote above it: ברד ינצח ברך. — 15''. דרש אל חי וקוה רצוץ. — 14''. ישא לך.

---

a) = G. *b*) = S. כך, Talm. expression for כן. *c*) Addition. *d*) = G. *e*) Var. supposing צורך. *f*) Perhaps correct reading: "If one permit thee". *g*) Imper. piel. *h*) 7, 14. *i*) G: "thunder". *j*) 43, 5 *b*, 13 *b*. *k*) Prov. 15, 33; 18, 12. One expects the rèverse. *l*) Variant. *m*) = בוש י[נצח] (Bacher). *n*) In Rabb. Hebr.: הפטר. *o*) Doublet of 11 *b* = S. *p*) G: "There divert thyself"; better reading. *q*) בחסר; כל addition due to reminiscence of Deut. 28 48. *r*) This verse must preceed or follow 15. *s*) Doublet; but not like S. *t*) 4, 12.

16 ירא ייי יבין משפט ותחבולות[a] מנשף יוציא:
" [b]יראי ייי יבינו משפטו וכחמות[c] רבות יוציאו מלבם[d]:
17 איש חכם[f] יטה תוכחות ואחר צרכו ימשך תורה:
18 [g]איש חכם לא יכסה כחמה[h] ולץ לא ישמר לשונו:
" [i]איש חכם לא יקח שוחד זד ולץ לא ישמר תורה:
19 בלא עצה אל תפעל דבר ואחר מעשיך אל תתקצף[j]:
20 בדרך מוקשת אל תלך ואל תתקל בנגף פעמים:
21 אל תבטח בדרך מחתף[k] ובאחריתך השמר:
" [l]אל תבטח בדרך רשעים ובארחתיך הזהר:
22 בכל דרכיך שמור נפשך כי כל עושה אלה שומר מצוה:
" בכל מעשיך שמור נפשך כי עושה זה שומר מצוה:
23 [m]נוצר תורה שומר נפשו ובוטח בייי לא יבוש:

CHAP. XXXIII (XXXVI).

1 [n]ירא ייי לא יפגע רע כי אם בניסוי ש[ו]ב ומ[מ]לט:
2 לא יחכם שונא תורה ומתמוטט במס....[o]
3 איש נבון יבין דבר ייי ותורתו כא..ן..[p]

16''. וחכמות. — 17. *e* חמס. — 17 *b*. ויאחר למשוך. — 18. חכמה. איש חכם לא יקח שכל זר ולץ לא יקח מצוה. — 21. illegible. — 21 *b*. perhaps הזהר. — 22 *b*. מצוהיו כיצות. — XXXIII, 1 *b*. ושב. — 2 *b*. במסער.

a) 37, 17. *b*) = S. *c*) חכמות. *d*) From S. which read מנפש in place of מנשף. *e*) = G. *f*) "Cunning" = S. Cf. Prov. 11, 30, where חכם is transl. in LXX παράνομος = חמס. *g*) 41, 14—15. *h*) חכמה. *i*) Variant of 18''' on marg. *j*) Cf. 30, 23 *b*. *k*) 15, 14; 50, 4. *l*) = S. which read again בארחתיך. *m*) Prov. 19, 16. *n*) 7 *d*. 12, 21; Job 5, 19. *o*) G: במסער כאניה. *p*) The consonants still visible do not agree with G, which read: ותורתו נאמנה כאורים ותמים.

CHAP. XXXV (XXXII).

9 בכל מעשיך[a] האר פנים[b] ובששון הקדש מעשר:
10 תן לו כמתנתו לך בטוב עין ובהשגת[c] יד:
11 כי אלוה תשלומות הוא ושבעתים ישיב לך[d]:
12 אל תשחד כי לא יקח ואל תבטח על זבח מעשק:
כי אלהי משפט הוא ואין עמו משוא פנים:
13 לא ישא פנים אל/ דל ותחנוני מצוק ישמע:
14 לא יטש צעקת יתום ואלמנה כי תרבה שיח:
15 הלא דמעה על לחי תרד ואנחה על מרודיה[g]:
16 תמרורי רצון הנחה[h] וצעקה ענן חשתה[i]:
17 שועת דל ענן חל עם[j] ועד תגיע לא תנוח:
לא תמוש עד יפקוד אל ושופט צדק יעשה משפט[k]:
18 גם אל לא יתמהמה וכגבור לא יתאפק[l]:
עד ימחץ מתני אכזרי[m] ולגוים[n] ישיב נקם[o]:
עד יוריש שבט זדון[p] וממה רשע גדוע יגדע[q]:

XXXV, 9 *b.* מעשרך, מעשיך. — 10. כמתתו; below לו: לאל. —
10 *b.* ובהגיש ובהגשת (כ above). — 10 *c-d.* מלוה ייי נותן לאביון ומי בעל
גמולות כי אם הוא. — 11 *b.* *e*ישלם. — 13 *b.* ותחנונים. — 14. אנקת. —
14 *b.* תחבט. — 16 *b.* צעקתה וצעקתיה. — 17. עבים חלפה. — 17 *b.*
ועד כי תגע לא תנוח. כי. — 17 *c.* עושה. — 18. אדון. — 18 *b.* מה.
וגבור מה יתאפק. — 18 *c.* מפני. — 18 *e.* שבטי. — 18 *f.* רשעים.

---

a) מתנותיך. *b*) 13, 25. *c*) וכהשגת, 14, 13 *b.* *d*) Ps. 79, 12: *e*) Jer. 51, 56. *f*) "against". *g*) G: מורידה. *h*) אנחה. *i*) הטתה (= S). *j*) ענן חלפה or עבים ח׳. *k*) Gen. 18, 15. *l*) Deut. 33, 11. *m*) *Ib.* 32, 43. *n*) Same in G., not גאים which one expects here. *o*) 12, 6; Deut. 32, 41 *p*) Ps. 125, 3. *q*) Ez. 7, 11; Ps. 75, 11.

19 [a]עד ישיב לאנוש פעלו ‏ ‏ ונמול ארם במזמתו:

עֹ֯ד ירי̇ב̄ רי̇ב̇ עמו ‏ ‏ ושׂ֯מחם̄ בישועתו[b]:

20 [c]. . . עָ. בּ̄. . מצוקה ‏ ‏ כעת חזיזים בעת בצורת:

. . . . ‏ ‏ [e]כ̄ . . . מ̄ . . עָ . . ך:

CHAP. XXXVI (XXXIII).

פּ̇ [f]

1 הושיענו אלהי הכל[g] ‏ ‏ 2 ו̇ה̇ר̇ים̄ פחדך על כל הגוים[h]:

3 הניף עׄל עם נכר ‏ ‏ ויראו את גבורתיך:

4 [i]כאשר נקדשת לעיניהם בׄנו ‏ ‏ כן לעינינו הכבד בנׄו:

5 וידעו כאשר ידענו ‏ ‏ כי אין אלהים זולתך[k]:

6 חדש אות ושנה מופת ‏ ‏ האדר יד ואמץ[m] זרוע וימין:

7 העיר אף ושפוך חמה ‏ ‏ והכניע צ̄ר והדׄוף אויב[n]:

8 [o]החיש קץ ופקוד מׄועד ‏ ‏ כי מי יאמר לך מה תעשׂה[p]:

---

19 *d*. וישמחם. — 20 II. (read וא̇) [d]אין פסוק אז נוסכתהא ידינר ואידר זא
בם. — 4 *b*. בם. — 4. יד. — XXXVI, 3. *i* הישתה בוד ובי נבישתה.
חדש. — 6. כאשר לעיניהם נקדשתה בם ‏ ‏ כן לעיניהם הכבד בם
מצער. — 8. — ...דוף. 7 *b*. — אל ושנה תמה[l] האריך יד וזריז ימים
3 *b*. הפעל.

---

a) Prov. 24, 12. *b*) Is. 25, 9. *c*) תשועת ייי בעת מצוקה. *d*) "This verse is [taken] from other mss.; it was omitted here and not written"; this verse is indeed a doublet = S: "And that the enemy be confused at the time of violence like a cloud of rain when demanded". S read בעת צורך in place of בעת בצרת. *e*) כענן מטר בעת צורך. From here on there are no doublets. *f*) = פיסקא "paragraph". *g*) 45, 23 *c*. *h*) Jer. 10, 25; Ps. 79. 6. *i*) To be added. *j*) Ez. 20, 41; 28, 25 etc. Read: כאשר נקדשת לעיניהם בנו כן לעינינו הכבד בם. *k*) 1 Chr. 17, 20. *l*) Aramaic parallel to אות, Dan. 3, 33; 6, 28. *m*) Neither in variant, nor in G. S. *n*) 47, 7. *o*) Dan. 11, 27, 35. *p*) Job 9, 12.

10 . השבת ראש פאתי מֹואב[a] האומר אין זולתי :

11 אסוף כל שבטי יעקב (XXXVI, 16[b]) ויתנחלו כימי קדם :

(17) 12 רחם על עם נקרא בשמך ישראל בכור כיניתה[b] :

(18) 13 רחם על קרית קדשך[c] ירושלם מכון שבתיך[d] :

(19) 14 מלא ציון אתׄ הודך ומכבודך את היכלך :

(20) 15 תן עדות למראש מעשיך[e] והקם חזון דבר[f] בשמך :

(21) 16 תן את פעלת קוויך ונביאיך יאמינו[g] :

(22) 17 תשמע תפלת עבׄדיך כרצׄונך על עמך[h] :

וידׄעו כל אפסי ארץ כי אתה אל[ה]י עו[ל]ם :

(23) 11 פּ[i] כל מאכל אוכל גרגרת אך יש אֹוכל נ[חמ]ד למעים :

(26) 21 [כ]ל זכר תקבל אשה אך . ש . . . . ה :

(24) 19 חיך בוחן מטעמי דבר ולב מבין מטעמי כזב :

(25) 29 לב עקוב[l] יתן עצבת ואיש ותיק ישיבׄנה בו :

18" [m]כל נבר[n] תאכל חיה אך יש מכה ממכה תנעם :

(27) 22 תואר אשה והׄליל פנים ועל כל מחמד עין[p] יגבר :

---

10. אויב. — 14. מהדריך. — 17. עבדך. — 17 *b*. ברצונך. — 17 *c*. ויראו. — 18. [j]כל.. תסוגר בבטן אך יש מאכל ממאכל תנעם. — 21 *b*. Below the text: אך יש אשה יפה. — 19. חך בוחן מטעמי זבד וחן נבון מטעמי זבד. Ms. D, following 5, 13: [k]חיך יטעם מנועמי זבד. — 25 *b*. ישיבנו. — 27. [o]יהלל.

---

a) Reminiscence of Num. 24, 17, which verse, acc. to Onkelos and the rabbis, follows the proclamation of the messianic time. *b*) 44, 23 *b*; Ex. 4, 22. *c*) 49, 6. *d*) Ps. 74, 3, 6, a psalm with which this piece has much in common. *e*) *Ib.* 2. *f*) דְּבָר. *g*) יַאֲמִנוּ. *h*) Ps. 106, 4. *i*) See p. 37, note *f*. *j*) = G—S. *k*) 40, 29 *c*; Prov. 23, 3; Job 12, 11. דבך a mistake. *l*) Jer. 17, 9 "unintelligent". *m*) Not in G. and S. *n*) Perhaps "prey", as in the Piutim. *o*) Job 29, 3. *p*) 40, 22; 1 K. 20, 6.

(28) 23 ועד אם ישׁ מרפא לשון[a] אין אִשָּׁה מבני אדם:

(29) 24 קֹנה אשה ראשית קנין[b] עֹזר ומבצר[c] ועמוד משען:

(30) 25 באין גדיר יבוער כרם[d] ובאין אשה נע ונד[e]:

(31) 26 מי יאמין בגדוד צבא המדלג מעיר אל עיר:

כן איש אשר לֹא קן המרגיע[f] באשר יערב:

CHAP. XXXVII.

1 °כל אומר אמר אהבתי

2 °הלא דין[g] מגיע אל מות רע כנפשך נהפך לצר[h]:

3 ה[י]ו רע שׁאמר מדוע כן נוֹצרתי למלא פני תבל תרמית:

4 מרֹע[i] אוהב מביט אל שלחן[k] בעת צוקה מנגֹד יעמד[l]:

---

29 ק[ונ]ה אשה ראש[ית] ק[ני]ן עיר מבצר ועמוד משען: Ms. C.

25 באין גדר יבוער כרם ובאין אשה נע ונד:

26 מי יאמין בגדוד צבא המדלג מעיר אל עיר:

כן איש אשר אין לו קן המרגיע באשר יערב:

1 כל אוהב אומר אהבתי אך יש אהב שם אהב:

2 הלא דין מגיע עד מות ריע כנפש[i] נהפך לצר:

3 הוי רע יאמר מדוע נוצרתי לְמַלֵּא פְּנֵי תֵבֵל תַּרְמִית:

4 מרע אוהב מביט על שחת ובעת צוקה מנוב יעמד:

---

23. בֹּה. — 24. קונה. — 22 *c*. עיר מבצר. — 26 *c*. [א]שר אין לו. — XXXVII, 1. כל אוהב אומר אהבתי אך יש אוהב שם אוהב. — 2. הלא דין[g] מגיע על מות רע כנפש נהפך לצר. — 3. הוי דיע אמר מ' נוצרתי[י]. — 4. מרע א' מ' על שחת. — 4 *b*. מנוב.

---

a) Prov. 15, 4. *b*) *Ib*. 4, 4, 7. *c*) Jer. 1, 18. G—S: עזר כנגדו (Gen. 2, 18). *d*) Ex. 22, 4. *e*) Gen. 4, 12. *f*) "who takes rest". *g*) 30, 21, 23 *b*. *h*) 6, 10. *i*) 7, 21. *j*) מֵרַע "wicked" (Prov. 17 4; Ps. 22, 17), or מָרַע "how wicked" (infra 9; 42, 14) *k*) 6, 9. *l*) Ps. 38, 12.

6 אל תשכח חביר בקרב[b] ואל תעזבהו בשללך:

7 כל יועץ יניף יד[c] אך יש יועץ דרך אל לץ:

8 מיועץ שמור נפשך ודע לפנים מה צורכו:

[כי גם] הוא לנפשו יחשב למה זה אליו יפול[e]:

9 [ואמר] לך מטוב[f] [ד]רכך וק[ם מנגד] להביט רישך:

10 . . . .

Ms. C.

5 אוהב טוב נלחם עם זר ונגד ערים[a] יחזיק צנה:

6 אל תשכח חבר בקרב[b] ואל תעזבהו בשללך:

7 כל יועץ אומר חזה[d] אך יש יועץ דרך עליו:

8 מיועץ שמר נפשך ודע לפנים מה צרכו:

כי גם הוא נפשו יחשב למה זה אליו יפול:

9 ואמר לך להביט דרכיך וקם מנגד להביט ראשך:

10 אל תועץ עם חמיך[g] וממקנא העלים סוד:

---

5. אוהב טוב נלחם עם זר ונגד ערים[a] יחזיק צנה. Above נוחל, variant of נלחם; and אל תכחש חבר בקרב ונגד ערים יחזיק צנה. — 6. בקבר. — 7. כל יועץ אומ[ר ח]זה, אך יש יועץ דרך עליו. — 8. מה יועץ. — 8 *c*. נפשו. — 9. להביט. — 9 *b*. ראשך. — 10 *b*. א referring perhaps to בממקנא which may have been written as in 11 *d* ממקנה.

---

a) "Enemies", 47, 7*b*. *b*) Read בִּקְרָב "in combat", in spite of the punctuation in C. *c*) 12, 18. *d*) = S. *e*) Understanding בגורל. *f*) *Supra* 4; 42, 14. *g*) "Thy father-in-law". Cf. the Ben Sira passage in *Baba Batra* 98 *b*, where the word is employed in the same sense. Perhaps קמיך? cf. Is. 11, 13.

11 עם אשה עְל צרתה ומדדְ אל מלחמתו :

עם סוחר אל תתגר[a] וממקנה על ממכר :

עם איש רע אל תְגמל[b] חסד ואכזרי על טוב בשר[c] :

פועל שוא על מלאכתו שומר שוא על מוציא רע :

12 אך אם[e] ישְ מפחד תמיד[f] אשר תְדע שומר מצוֹה :

אשר עם לבְבו כלבבך אם תכשל יגיע[g] אליו :

13 וגם עצת לבב הבין מי יאמין לך אמן ממנו[h] :

14 לב אנוש יגידְ שעיותיו[i] משבעהְ צופים על מצפהְ :

Ms. C.

11 עם אשה אל צרתה ומלכד על מלחמה :

עם סוחר אל תתגר ומקונה על ממכרו :

עם איש רע על גמילות חסד ואכזרי על טוב בשר :

פועל שכיר על מלאכתו שכיר שנה על מוצא[d] זרע :

12 אך אם איש מפחד תמיד אשר תדע שומר מצוה :

אשר עם בלבבו כלבבך ואם יכשל יעבד בך :

13 וגם עצת לבב כך כי אם אמון ממנו :

14 לב אנוש מגיד שעיותיו משבעה צפים על שן :

---

11. אל. — 11 *b.* [ומלוכד ע' מ]. — 11 *d.* ומקונה ע' ממכ[רו]. — 11 *e.* על גמילות. — 11 *g-h.* פועל שכ[יר ע[ל מלאכת' שכיר שנה מצא זרע. — 12. איש. — 12 *b.* מצותיו. — 12 *c.* בלבבו (ב above). — 12 *d.* יעכר[g] בך. — 13. וגם עצת לבבו כך כי אם אמון ממנו. 14. מגיד. — 14 *b.* משבעים צפים ע' שן.

---

a) Read תגרה. The copyist read אַל. *b*) = תַּגְמוּל, or תִּגְמֹל. *c*) בָּשָׂר, Prov. 11, 17. *d*) "The production" (Ryssel). *e*) The original had אך עם איש, depending on אל תועץ. *f*) Prov. 28, 14. *g*) Both readings are equally good. Read יִגַּע. *h*) כי אין לך אמון ממנו.

i) Not in the same sense as in 38, 25 *d*, where it signifies "conversation", as in Aramaic. S. "his ways".

15	ועם כֹּל אלה עתרֹ אל אל	אשר יכין באמת צעדיך[a]:
16	ראש כל מעשה דבר	וראש כל פעל היא מחשבת:
17	עקֹרת החבילות לבב	ארבעה שבֿמים[b] יפרחו:
18	טוב ורעֹה וחיים ומות	[c]ומושלת בם כליל[d] לשון:
19	יש חכם לרבים נחכם[e]	ולנפשו הוא נוֹאל:
20	ויש חכם בדברו נמאס	ומכל מאכל תענוג נבצר:
22	ויש חכם לנפשו יחכם	פרי דעתו על גויתו[f]:
25	חיי איש מספר ימים	וחיי עםֹ ישראל [י]מ[י אי]ן [מספר]:

Ms. C.

15	ועם כל אלה העתר אל אֱל	אשר יכין באמת צעדך:
16	ראש כל מעשה מאמר	לפני כל פעל היא מחשבת:
17	עקר תחבולות לבב	ארבעה שרביטים יפריח:
18	טוב ורע מות וחיים	ומשלח בם כליל לשון:
19	יש חכם לרבים נחכם	ילנפשו הוא נואל:
20	ויש חכם בדברו ימאס	ומכל מאכל תענוג נבצר:
22	ויש חכם לנפשו נחכם	פרי דעתו על גויתו:
23	ויש חכם לעמו יחכם	פרי דעתו בגויתם:
25	חיי אנוש ימים מספר	וחיי ישרון ימי אין מספר°:

Ms. D.

19	יש חכם לרבים נחכם	ולנפשו הוא נואל.
22	יש חכם לנפשו יחכם	פרי דע[תו] על נויתו .

15. העתר. — 16. ראש כל מעשה מאמר לפני כל פועל היא מחשבת. — 17. עקר. — 17 *b*. שרביטים. — 18. ורע. — 18 *b*. ומשלח. — 19 *b*. נואל. — 23. ויש חכם לעמו יחכם פרי דעתו בגויתם. — 25 *b*. ישרון. — 25. at margin of C.: גויתהן מספר ... מים ונוית שם ימי אין מספר.

a) Prov. 16, 9. *b*) Gen. 48, 22. = G. *c*) Prov. 18, 21. *d*) „Completely". *e*) Niphal, or mistake for יחכם. *f*) "For himself". *g*) The original reading (cf. 41, 13); but in G this is already changed to ישראל.

24 חכם לנפ[שו ישב]ע תענוג ויאשרוהו . . . .

26 . . . .

27 בני בחייך נס[c] נפשך וראה מה רע לה אל תתן לה:

28 כי לא הכל לכל טוב לא כל נפש כל זן[d] תבחר:

29 אל הזרע לכל תענוג ואל תשפך על כל מטעמים:

30 כי ברוב תענוג יקנן חולי והמרבה[g] יגיע אל זרא:

31 בלא מוסר רבים ינועו ועועו[h] והנשמר יוסיף חיים:

Ms. C.

24 חכם לנפשו ישבע תענוג ויאשרוהו כל רואיהו[a]:

26 חכם עם ינחל כבוד[b] ושמו עומד בחיי עולם:

27 בני בחמר נס נפשך וראה מה רע לה ואל תתן לה:

28 כי לא לכל טוב תענוג ולא לכל נפש כל זן תבחר:

29 אל הזד אל תענוג ואל תתחנג[f] על מטעמים:

30 כי ברב אוכל יקנון חולי והמזיע יגוע על זרא:

31 בלא מוסר רבים גועו והנשמר יוסיף חיים:

Ms. D.

24 חכם לנפש[ו] ישבע תענוג וכל ר[ואיהו] יאשרוהו .

26 חכם [עם ינחל] כבוד ושמו [עומד בחיי] עולם

---

27. בחמר. — 28. כי ל׳ לכ׳ טוב תענוג. — 29. אל תזר[e]. אל תזרו אל תענוג ואל תתחנג[f] אל מטמים. — 30. אוכל, ירון. — 30 b. והמזיע. — 31. גועו. — 31 b. ובהשמר.

---

a) Cant. 6, 9. *b*) Prov. 3, 35. *c*) Cf. פת 30, 23 and Daniel 1, 12. *d*) „Food". *e*) = אל תשפך "do not throw thyself". *f*) Syriac "desire". *g*) i. e. "pleasures". *h*) Prov. 5, 23.

CHAP. XXXVIII.

1	רעׄיׄ[a] רופא לפני[b] צרכׄו	[c]גם אתו חלק אל:
2	מאת אל יחכם רופא	ומאת מלך ישא משאות:
3	[d]דעת רופא תרים ראשו	ולפני נדיבים[e] יתיצב:
4	[g]אל מארץ מוציא תרופות	וגבר מבין אל ימאס בם:
5	הלא בעץ המתיקו מים[i]	בעבור להודיע כל אנוש כׄחו:
6	ויתן לאנוש בינה	להתפאר בגבורׄתו:
7	בהם[j] רופא 7 b יניח מכאוב	8 [k]וכן רוׄקח עושה מרקחת:
	למען לא ישׄבות מעשהו	ותושיה מבׄנׄי אדׄם:
9	בני בחׄולי אל התעבר[m]	התׄפלל אל אל כי הוא ירפא:
10	[נוׄ]ס[n] מעול ומהכר פנים	ומכל פשעים טהר לב:

1 רעה רועה רופא לפי[c] — Ms. C.

XXXVIII, 1. רעה רועה רופא לפי[c] צרכך כי. — 1 b. גם אותו חלק אל. — 3 b. מלכים[f]. — 4. ברא שמים[h]. — 5. מעץ. — 5 b. כוחם. — 6 b. בנבורותם. — 8. קרח. — 8 b. ישכח[l]. — 8 c. מבני· מפני ארצו. — 9. במחלה. — 9 b. פלל. — 10. נסה מ' והכר.

a) "Consult". The versions and the citations in Talmud (j. *Taanit* 66 *d*) and the Midrashim (*Tanhuma Mikkeç*, 10; *Ex. Rabba* 21; *Pesikta Rabbati*, 25) read: "honor", אוקיר, בבד. b) = S. c) = G. d) 11, 1. e) = G. f) = S; cf. Prov. 22, 29. g) *Gen. Rabba* 8: אלוה העלה סמין מן הארץ. h) = G—S and *Gen. Rabba*. i) Ex. 15, 25. j) "By them", the simple. *Gen. Rabba* reads: בהם הרופא מרפא את המכה. k) Gen. R., *ib*: ובהם הרוקח מרקח את המרקחת. l) Same variant 45, 26 *c*. m) Or התעבר "trouble one'sself". n) Better reading הסר.

11 ה[ ]גש ניח[ ]וח [ ]אזכרה   ודשן ערוך בכנפי הוניך[a]:
12 וגם לרו[ ]פא ת[ ]ן מקום   ולא ימוש כי גם בו צורך:

פ[b]

13 כי יש עת אשר בידו מצלחת   14 כי גם הוא אל אל יעתיר:
אשר יצלח לו פשרה[c]   ורפאות למען מחיה[d]:
15 [e]אשר חוטא לפני עושהו   יתגבר לפני רופא:
16 בני על המת הזיב דמעה   התמרר ונהה קינה:
כמשפטו אסוף[f] שארו   ואל תתעלם בגויעתם:
17 המר בני והתם[i] מספד   ושית אבלו כיוצא בו[j]:
יום ושנים בעבור דמעה[k]   18 והנחם בעבור עון[l]:
מדין יוצא אסון   כן רע לבב יבנה[m] עצבה:
20 אל תשיב אליו לב עוד   פרע זכרו וזכור אחרית:
22 זכור חקו כי הוא הקך   לו אתמול ולך היום:
21 אל תזכרהו כי אין לו תקוה   מה תועיל[n] ולך תריע:
23 מושבת מתושבת זכרו   והנחם עם צאת נפשו:

24 חכמת סופר תרבה חכמה   וחסר עסק הוא יתחכם:

---

11. אזכרתה. — 11 b. ערך הונך. — 12 b. ואל ישמש מאח כנב צרכיך. — 13, עת אשר בידו מ׳ כי הוא אל אל יעתיר. — 14 b. ימנה. — 15 b. יסתוגר; on tho sido, על ידי. — 16 b. התמרמר ונהי. — 16 c. כמשפט א׳ שארם. — 16 d. תתחר[g] בגויעם. — 17. בכי[h] והם. — 20. השית עליו. — 20 b. והכר. — 22. כן. — 23. כשבות מת ישבות ז׳.

---

a) כפי הונך. b) Inexact; the preceeding paragraph is not finished. c) "Diagnosis"(?) acc. to Ryssel. d) "For his living". e) i. e. "He that sinneth will not be healed". f) "Bury". g) For התאחר; cf. 7, 34. h) Correct reading. i) "Make completely". j) 10, 27. k) דבה "prattle" (Schechter). l) G: דין, cf. 18 b. m) "Produces"? n) i. e. לן.

25 מה יתחכם תומך מלמד   ומתפאר בחנית מהעיר[a]:
לשרד°
באלוף ינהג ישובב בשור   ושעיותיו עם בני [ב]ק[ר]:
26b ושקידתו לכלות מרבק[b]   26a לב ישית לשד[ד] בת[ל]מי[ם]:
27 אף עשה... שב[c]   אשר לילה [כיום ישים]:

CHAP. XXXIX.

15c [d][בש]ירות נבל וכל מיני-שי[ר]   וכן תאמר[e] בתרועה:
16 [מעשי] אל כלם טובים   וכל צורך בעתו יספיק:
17c [f]ומה תעריך ...   ומוצא פיו[g] אוצרו[h]:
18 תחת[יו] רצונו יצליח   [i]ואין מעצור לתשועתו:
19 [j]מעשה כל בשר נגדו   ואי[ן] נסתר מנגד עיניו:
20 מעולם ועד עולם יביט   [k][הי]ש מספר לתשועתו:
אין קטן ומעט עמו   ואין נפלא וחזק ממנו:
21 אין לאמר זה למה זה   כי הכל לצרכו נבחר:
אין ל[אמ]ר זה רע מזה   כי הכל בעתו ינבר:
22 ברכות כיאר הציפה[l]   וכנהר תבל רוותה:
23 כן זעמו גוים יוריש   ויהפך למלח משקה[m]:

---

25 *c*. וישובב בשיר. — 26 *a*. The lines over the first two letters are in ms., indicating that ב and ת are *rafè*. — 27 *b*. ינהג. — 16. Deleted gloss; certainly הכל. — 16 *b*. לכל צרך ב׳ יספיקו. — 19 *b*. מסותר. — 21 *b*. בעתו יגבר. — 22. Deleted gloss, which must have been ברכתו.

---

a) II Sam. 23, 18. *b*) G: לעגלות מרבק, I Sam. 28, 14. *c*) חשב. Difficult to reconstruct text, G and S do not agree. *d*) Ps. 33, 2—3. *e*) G—S. האמרו. *f*) G: בדברו עמדו כחמר מים וברוח פיו אוצרות מים, cf. Ps. *ib.* *g*) Num. 30, 13; Deut. 8, 3 etc. *h*) 48, 12 *d*; Ps. 33, 5. *i*) I Sam. 14, 6. *j*) 17, 13, 15. *k*) Job 25, 3; Ps. 147, 5; Is. 40, 18. *l*) 47, 14 *b*; 24, 25. *m*) Ps. 107, 34; Jer. 17, 6; Job 39, 6; Gen. 13, 10.

24 [ארחו]ת תמים יישרו   כן לזורים יסתוללו :

25 [טוב לט]וב חלק מראש   כן לרעים טוב וריע :

26 [a]ראש כל צר]ך לחיי אדם מים   ואש וברזל ומלח :
[חלב חטה[b]]חלב ודבש   דם ענב[c] יצהר ובגד :

27 כל א[לה] ל[ט]ובים ייטיבו   כן לרעים לרעה נהפכו :

28 [d]יש ר[וחות למשפט נו] צרו   [ובאפם הר]ים יעתיק[ו :]
[בעת עברה כחם יראו   וחרון בוראם יניחו :]

29 אש וברד רע[e] ודבר   גם אלה למשפט נ[וצרו :]

30 חית שן עקרב ופתן   וחרב נקמות[f] להחרים ר[עים]:
כל אלה לצורכם נבראו   והמה באוצר ולעת יפקדו :

31 בצותו אתם ישישו   ובחקם לא ימרו פיו :

32 על כן מראש התעבבתי   והתבוננתי ובכתב הנחתי :

33 [h]מעשה אל כלם טובים   לכל צורך בעתו יספוק :

34 [i]אל לאמר זה רע מה זה   כי הכל בעתו יגביר :

35 עתה בכל לב הרנינו   וברכו את שם הק[דוש :]

---

24. ל]ישרים] רחותיו [א]. — 25 *b.* רע. — 27 *b,* לזרא. — 28. נבראו. — 30 *b,* חר]ב נו]קמת *g*, ל[ה]חריב [חריב]; below, פט. — 30 *c.* נבחרו, נם. — 30 *d.* באוצרו לעת. — 31 *b.* פיהו. — 33. הכל. — 33 *b.* צריך. — 34. אין, מזה. — 34 *b.* יגבר. — 35. פה[ו]. — 35 *b.* קדשו.

---

a) 29, 21 *b*) Deut. 39, 14. *c*) *Ib.* *d*) Job 9, 5. *e*) רעב (G—S). *f*) = S. *g*) = G. *h*) *Supra* 16. *i*) *Ib.* 21.

CHAP. XL.

1 עסק גדול חלק אל　　ועול כבד על בני אדם:

מיום צאתו מרחם אמו　　עד יום שובו אל אם[a] כל חי:

3 מושב כסא לגבה　　עד לשוב עפר ואפר:

4 מעוטה צניף וציץ[d]　　ועד עוטה שמלת עור[e][:]

5 אך[f] קנאה דאגה ופחד　　אימת מות תהרה[g] ו[ר]ב[:]

ועת נוחו על משכבו　　שינת לילה העירה[h] [ל]בו[:]

6 מעט לריק כרגע ישקוט　　ומבין בהל[ו]ת]... ש

מעט טע[i] מחזון נפשו　　כשריד ה[נ]ס מפני] רודף[j]:

7 .. עודך[k] מ...... הקיץ　　ומראו... מניח:

8 . . . .　　. . . . .

9 [ד]ב[ר] ודם[l] חרחר וחרב[m]　　שד ושבר[n] רעה[o] ומו|ת[:]

10 על רשע נבראה רעה　　ובעבור תמוש[p] כלה:

11 כל מארץ אל ארץ ישוב[q]　　ואשר ממרום אל מרום:

13 מחול אל חול כנחל איתן　　ומאפיק אדיר בחזיז קולות[t]:

XL, 1. עליון. — 1 *d.* ארץ[h] כ ח. — 3. illegible. — 3 *b.* לבש, [c]לובש. — 4 *b.* עד עושה. — 5 *b.* מ תה וריב[:]. — 5 *d.* ת דעתו. — 6. קח or בח'. — 8 *b.* עד כל, עם אף or על אף. — 10 *b.* ובעבורו ה' רעה. ובשכרו(?) — 11 *b.* [r]ויש'. — 13. [s]חיל מחיל. — 13 *b.* ובאפיק.

---

a) = G; cf. Gen. 4, 20. *b*) = S. *c*) Job 7, 5. *d*) 47, 6 *c*.
e) Gen. 3, 21. *f*) Not to be corrected to אף acc. to G-S. *g*) תהרה.
h) Doubtful. G: תשנה. *i*) Perhaps מטעטע = מתעתע. *j*) Jer. 48, 44.
k) A mistake. *l*) Ez. 5, 17 *m*) Deut. 28, 22. *n*) Is. 51, 19.
o) רעב = G. *ib.* *p*) תהוש would be better. *q*) 41, 10. *r*) = וישוב.
s) The first means „riches”, the second “violence”. *t*) Job 6, 15.

14 עם עם שאתו[a]. כפים יגילו   כי פתאם לנצח יתם:

15 [b]נוצׂר מחמׂס לא ינקה[c]   [e]כי שורׂש חנף על שן סלע[f]:

16 כקרדמות[g] על גפת[h] נחל   מׂפני כל מטר נדעׂכו[i]:

17 [j]וחסד לעולם לא ימוט   וצדקה לעד תכון:

18 חיי יין ושׂכר ימתקו   ומשניהם מוצא אוצׂר:

19 ילד ועיר יעמידו שם   ומשניהם מוצא חכמה:

שגר ונטע יפריחו שם   ומשניהם אשה נחשקת:

20 [יי]ן ושכר[m] יעליצו[n] לב   ומשניהם אהבת דודים:

21 [ח]ל[ו]ל ונבל יעריבו שיר   ומשניהם לשון ברה:

22 י[ופי וחן יח]מידו עין   ומשניהם צמחי שדה:

23 [אוהב וחבר לע]ת ינהגו[o]   ומשניהם אשה משכלת[p]:

24 אח ו[עוזר יצילו בע]ת צרה[q]   ומשניהם צדק מצלת[r]:

---

14. עם שאתו. — 15. נצר חמס לא יכה[d] כי ושורש חנף על שן צור. —
16 b. לפני נדעכה. — 18. [k]יותר שכל. — 18 b. סימה.

כל ימי עני רעים   בן סירא אומ' אף בלילות
בשפל גגים גגו   במרום הרים כרמו:
ממטר גגים לגגו   מעפר כרמו לכרמים:

[l]מי מאניד כו אין נא בינוסכתי אצל בוד אילא גא קול [מי] ניפת.
21. חליל. — 22 b. שדי. — 24 b. צדקה.

---

a) "When [the wicked] lifts up..." Job 27, 21—23. *b*) Job 8, 11—18. *c*) Job, *ib.* 17. Sense demands ינק בן. *d*) Hos. 14, 6. *e*) Job 8, 18. *f*) *Ib.* 38, 28. *g*) Doubtful. G: אחו. *h*) Aramaic; = שפת. *i*) Job 8, 11. G—S: לפני כל חציר ייבש = Job, *ib.* *j*) Prov. 10, 30. G: וחסד כעדן ברכה, cf. 27. *k*) שכר יותר, cf 10, 26 and G. *l*) "It is probable that this was not in the original; but it had become a proverb" — a citation from *Sanhedrin* 100 *b*. The style is that of Ben Sira. *m*) G: שיר, 32, 5. *n*) Notice the hiphils not found in the Bible. *o*) 6, 7; 37, 4. *p*) 25, 8 *a*; Prov. 19, 14. *q*) 6, 7, 9; Prov. 17, 17. *r*) Prov. 10, 2; 11, 4.

25 זהב וכס[ף יעמידו רג]ל ומש[ניהם עצה טובה]:

26 חיל וכח יגיל[ו][a] לב ומשניהם [י]ראת אלהים:

אין [ב]יראת ייי מחסור ואין לבקש עמה מ[שע]ן:

27 יראת אלהים כעדן ברכה וכן כל כבוד חפתה[b]:

28 מני חיי מתן אל תחי טוב נאסף ממסתולל:

29 [c]איש משגיח על שלחן זר אין חייו למנות חיים:

מעגל נפש מטעמו[d] לאיש יודע סוד מעים[e]:

[f]לאיש עוז נפש[g] תמתיק שאלה ובקרבו תבער כמו אש:

CHAP. XLI.

1 חיים למות מה [מ]ר זכרך לאיש שוק[ט] על מכונתו[h]:

איש שליו ומצליח בכל ועוד בו ח[יל לקבל תענוג[i]:

2 האח למות כי טוב חקיך לאיש אונים[j] והסר עצמה:

איש כושל[k] ינקש בכל סרב[l] ואבד תקוה:

---

28. בני. — 29 c. מענל נפשו מטעמי זבד. — 29 d. יסור מועים. — 30. עז נפשות, ממתיק. — 30 b. כאש בוערת. — XLI, 1. הוי. — 2. חוק, חזק, חוקו. — 2 c. ונוקש

איש כושל ונוקש בכל אפס המראה ואבד תקוה
איש נוקש ומושל בכל אפס] המראה ואבד תקוה

---

a) G—S. יגדלו. *b*) ועל כל כבוד חֻפָּה = Is. 4, 5. *c*) A Baraita, (*Beẓah* 32 *b*) reads: שלשה אין חייהם חיים ... המצפה לשלחן חבירו. *d*) מעגל נפש מטעמי זבד. *e*) יסור מעים "pain in the bowels". *f*) Job 20, 12—14. *g*) עז נפש "intemperent" 6, 3; 19, 2 *b*. *h*) 44, 6. *i*) 31, 3 *b*. *j*) לאין אונים = Is. 40, 29, imitated in the whole hemistich; or keep איש, giving to אונים the sense "trouble", "want". *k*) G—S translate "oldman", cf. 42, 8 *b*, where it is the variant of ישיש. *l*) = G; S: אפס ממון.

3 אל תפחד ממות חוקיך   זכר כי ראשנים ואחרנ[ים] עמך:
זה חלק כל בשר מאל[a]   4 ומה תמאס בתורת עלי[ון]:
לאלף שנים מאה ועשר   איש תוכחות[b] בש[או]ל:
5 נין נמאס דבר רעים   ונכד אויל [משפחת רש]ע:
6 מבן עול ממשלת רע[f]   ור[g] . . . . . . ר [:]
7 אב רשע יקו[ב י]לד   כי [בג]לל[ו הוא חרפת עם]:
8 [אוי] ל[כם אנשי עול   העוזבים תורת על]יון:
9 אם תמ[רו ע]ל ידי אסון   [ואם ת]ולידו לאנחה:
[א]ם תכשלו לשמחת עולם[h]   ואם תמותו לקללה:
10 כל מאפס אל אפס ישוב[i]   כן חנף מתהו אל תהו:
11 הבל אדם בגויתו   אך שם חסד לא יכרת:
12 פחד על שם כי הוא ילוך[k]   מאלפי אוצרות חכמה:
13 [m]טובת חי ימי מספר   וטובת שם ימי אין מספר:
14c [n]חכמה טמונה ואוצר מוסתר[o]   מה תועלה בשתיהם:

---

4 d. אין : חיים, addition of the scribe, who had forgotten the word. — כי — 5. כן[c] נמאס דבה ערים[d]. Above ערים : רעים, רושם[e], very carelessly written. — 6. מבין ערל. — 9. אם תפרו על יד אסון ואם מולידו לאנחה. — 9 d. לקללתה. — 10. כל מאונם אל אונם. — כל מאונים[i] אל אונים. — 10 b. בן. — 11. בני. — 12 b. חמדה, סומות[l]. — 13. טוב חי מספר ימים. — 13 b. וטוב. — 14 b. וסימה מסותרת. — 14 c. העלה.

---

a) Job 20, 29. b) Add חיים from margin; Koh. 9, 10; Prov. 15, 31. c) בן. d) 42, 11 c. The reading דור רעים, in place of דבר רעים has been suggested. e) "Indication", referring probable to the gloss between the lines. f) תרע. g) Omitting ור, we might read: ועם זרעו יעמד חסר = G—S. Cf. Job 27, 14. h) עם = S. i) 40, 11 a, which G reads here. j) Synonyme of אפס, Amos 5, 5; Is. 41, 29. k) Koh. 8, 15. l) סימות. m) 37, 25 in C. n) Repetition of 20, 30—31; cf. 4, 23. o) מסותר.

15 טוב א[י]ש מצפין-אולתו מאיש מצפין חכמתו:

מוסר בשת שמ מוסר בשת:

14 מוסר בשת שמעו בנים 16 והכלמו על משפטי:

לא כל בשת נאה לשמר ולא כל הכלם נבחר:

17 בוש מאב ואם אל זנות מנשיא יושב אל כחש:

18 מאדון וגברת על שקר מעדה ועם על פשע:

מחבר ורע על מעל 19 וממקום תגור על זר[a]:

. . . . [א]לה וברית ממטה[b] אציל אל לחם:

מ[מנע מהת ש]אלה[c] 21 מהשב אפי רעך[d]:

מהש[בית[e] מ]חלקות מנה 20 מ[ש]אול שלום מהחריש[f]:

מהביט [אל . . ז]רה 21c [g]ומהתק[רב א]ל. . . .

22c מאוהב על [דב]רי חרפה ומאחרי מתת אל תנאץ:

23 משנות דבר תשמע[h] ומחסוף כל סוד עצה:

24 והיית בוש באמת ומצא חן בעיני כל חי[i]:

---

15 b. מאדון, יטמין. — 16. משפטו. — 17. על פחז. — 17 b. ושר על. — 18 c. משותף, ממקום. — 19. ונגיד על זד. — 19 d. ממנוע מתת שאלה מי השע פי רעיך מחשבות מחלקות מנה ומשאול שלום מהחרישו. — 21. מיהשע פי. — 20. משואל. — 20 b. אשה. — 21 c. [ ]רה. — 22 c. דבר חסר. — 22 d. שאלה. — 23 b. על סוד.

---

a) זד. *b*) Unintelligible; but cf. 9, 9. G: "to stretch out the elbow to the bread"; אל לחם evidently means "at a meal". *c*) 4, 3 *b*. *d*) 4, 4 *b*. *e*) מהשבית. *f*) 4, 8 *b* and 6, 4 *b*. *g*) 9, 3 and 5. *h*) 19, 7; 27, 16. *i*) Prov. 3, 4.

CHAP. XLII.

1 אך על אלה אל תבוש ואל תשא פנים וחטא :

2 על תורת עליון וחוק ועל מצדיק להצדיק רשע :

3 על חשבון חובר ואדון ועל מחלקות נחלה ויש[b] :

4 ועל שחק מאזנים[c] ופלס ועל תמהות איפה ואבן :

5 על מקנה בין רב למעט ועל [e]ממחיר ממכר תגר :

6 על אשה רעה חותם : חכם[g] ומקום ידים רפות[h] תפתח[i] :

7 על מקום תפקד יד תספור ומתת ולקח[k] הכל בכתב :

8 [l]על מוסר פותה וכסיל [m]ושב וישיש ונוטל עצה בזנות :

והיית זהיר באמת ואיש צנוע לפני כל חי :

9 [p]בת לאב מטמנת שקר[q] [r]דאגה תפ[ריע שנתו] :

---

1. אל. — 2. אל. — 2 b. משפט. — 3. שותף. Above the line [a]וארח, correction of ואדון. — 3 b. וישר. — 4 b. תמורות[d] אפה ואפה. — 5. חשבון. — 5 c. [f]מוסר. — 6. ע׳ אשה ר׳ חותם ומ׳ יד׳ ר׳ תפתח; טפשה. — 7. מפקד יד[j] תחשוב. — 7 b. ושואה ותתה. — 8. מרדות. — 8 b. ושב כושל[n] ועונה[o] בזנות. — 9. מטמון. — 9 b. ודאגתה.

---

a) Read so! *b*) Prov. 8, 21. *c*) Is. 40, 15. *d*) Read so! *e*) First מ dittography. *f*) Perhaps the rest of 5 *c*, wanting in H. *g*) Delete! *h*) G: רבות. *i*) Perhaps מפתח. It must mean: "place under lock and key". *j*) Cf. תשומת יד, Lev. 5, 21. *k*) Synonyme of משא ומתן which recalls the incorrect marginal gloss. *l*) The construction which had been interrupted is taken up again. *m*) 41, 2. *n*) Perhaps in the sense of "glutton" as above. *o*) Uncertain meaning. *p*) Cited *Sanhedrin*, 100 *b*: בת לאביה מטמונת שוא מפחדה לא יישן בקטנותה שמא תתפתה, בנערותה שמא תזנה, בגרה שמא לא תנשא, נשאת שמא לא יהיו לו בנים, הזקינה שמא תעשה כשפים. *q*) Cf. שוא above. G: שקד "watch". *r*) 31, 1 *b*, 2.

בנעוריה פן תגור[a]   ובבתוליה[b] פן [תשנא]:

10 בבתוליה פן תפֹותה   ובבית [בע]לה ל[ו]א תלד[c]:

בבית אביה פן [תֹזנה][d]   ובבית א[יש]ה . . . . ר[e]:

11 [בני ע]ל [בתו]ל[תך][f] הק[ם] מ[שמר]

[פן תעשה לך] שם סרֹה:

דבת עיר וקללת עם   והושֹבתך[h] [בע]דת שער:

[מ]קום תגור אל יהי אשנב   ובית מביט מבוא[i] סביב:

12 לכל זֹכר אל תתן תאר[j]   ובית[k] נשים אל תסתוֹיד:

13 כי מבגד יצא עש   ומאשה רעת אשה:

14 מטוב[l] רוע איש מטיב אשה   ובית מחרפת תביע[m] אשה:

---

10. תתפתה. — 10 b. ה[איש]. — 10 c. אל פחוה. — 11 b. סרח. — 11 d. והובישתך.

בבית אביה פ[ן ת וב]בית בעל תע.ר

בבתוליה פ' תתפתה ובב' אש פ תעקר

בני ע' ב' החזק משמר פ' תע' מ' לא'[g]

דבת ע' וקע והבשת בעדת שער

12. כר. — 12 b. תסתיד. — 14. טוב רע איש מטוב אשה ובית מחרפה תביע חרפה. — מחפרת (gloss of מחרפת).

---

a) Aramaic; "commit adultery" which gives no sense here. Probably תבגור "lest she overpass her puberty" = G. b) Dittogr. of 10; read בְּעוּלָה = G. c) Doublet of 10 *d*? d) Cf. above בנערותה שמא תזנה.

e) Probably תעקר, which explains G's: תעבר. f) 26, 10. One expects בתך, but ל is certain. g) Read: (or לאויב) לאחר' פן תעשך משל. h) והבישתך. i) 14, 22; 9, 7. j) "Show her figure" or "her beauty". k) = בין, cf. Prov. 8, 2 where בית is thus translated by G—S and Targum. l) 37, 4. m) 10, 13 *b*.

15 [a]אזכר נא מעשי אל — [b]וזה חזיתי ואספרה:

באומר אלהים רצונו[c] — ופועל[d] רצונו לקחו:

16 [e]שמש זו[רח]ת על כל נגלתה — [f]וכבוד ייי על כל מעשיו:

17 לא הספיקו קדושי אל[g] — לספר נפלאות ייי:

אומץ[h] אלהים צבאיו — להתחזק לפני כבודו:

18 תהום ולב חקר — ובכל מערומיהם יתבונן:

19 מחוה חליפות נהיות — ומגלה חקר נסתרות:

20 ל[א נ]עדר ממנו כל שכל — ולא חלפו[i] כל דבר:

21 ג[בורת חכמ]תו תכן[j] — אחד הוא מעולם:

ל[א נוס]ף [ו]לא נאצל — [k]ולא צריך לכל מבין:

23 הוא ח[י ועומ]ד ל[עד] — 25 זה על [ז]ה חלף טובו:

וימי ישב[ע] ל[הביט תוארם[m]] XLIII 1 — . . ל . . . .

ועצם שמי[ם מ[o]]רביט הדרו XLII 23[b] — ולכל צורך הכל ישמע:

24 כלם שונים זה מזה — ולא עשה מהם שי[l].[:]

---

15 *c.* מעשיו. — 15 *d.* לקח. — 17 *b.* גבורותיו. — 17 *c.* אומץ. — 17 *d.* להחזיק. — 19, ונהיות. — 20 *b.* חלף מנו כ דבר. — 21. גבורות. — 21 *b.* מהעולם. — 23. וקים. — 25. לכל צרוך הכל נשמע. — XLIII, 1:

זה על זה חלף טוב ומי ישבע להביט תואר

תואר מרום רקע[n] על טהר[o] ועצם שמים[p] מביט נהרה

---

a) Ps. 77, 12, Kere. *b*) Job 15, 17. *c*) Probably: באומר אלהים נוצרו מעשיו. G: בא׳ אל׳ מעשיו. *d*) = פעלו; acc. to S: פעליו, the origin of לקחו. *e*) i. e. "as". *f*) Ps. 145, 9. *g*) Job 15, 15. *h*) אמץ. *i*) 35, 17. *j*) תכן. *k*) Is. 40, 14. *l*) Acc. to S. read שוא, but text has certainly a yod; word is illegible. *m*) Acc. to the note, the verses ought to be arranged (G—S):

הוא חי וקים לעד — לכל צורך הכל נשמע:
כלם שונים זה מזה — ולא עשה מהם שי(?):
זה על זה חלף טוב — ומי ישבע להביט תואר:

n) רקע. Subject is שמש. *o*) Ex. 24, 10. *p*) *Ib.*

CHAP. XLIII.

2 שמש מביע בצרתו[a] חמה — מה נורא מעשי[b] ייי :

3 בהצהירו ירתיח תבל — לפני חרבו[c] מי יתכלכל[d] :

4 כור נפוח מהם[e] מצוק[f] — שולח שמש ידליק הרים :

לשאון מאור[g] תגמר[h] נושבת[i] — ומנורה[j] תכוה[k] עין :

5 כי גדיל ייי עושהו — ודבריו[l] ינצח[m] אביריו[n] :

6 וגם ירח ירח[o] עתות שבות — ממשלת[p] קץ[q] ואות עולם :

7 בם[r] מועד וזמני חוק — וחפץ ע . . ה[s] בתקופתו :

8 הדש בחדשו[t] הוא מתחדש — מה נורא בהשתנותו :

כלי צבא נבלי מרום[v] — מרצף רקיע מזהירתו :

9 תואר שמים והדר כוכב — ואורו מזהיר במרומי אל :

10 בדבר אל יעמד חק — ולא ישח באשמרותם[z] :

11 ראה קשת וברך עושיה — כי מאד נאדרה [בה]וד :

12 חוק הקיפה בכבודה — ויד אל נטתה . . .

---

2. מופיע בצאתו. — 4. מוצק. — 4 b. שלוח ש' יסיק. — 4 c. לשון. — 5. כי גדול עליון עושה. — 5 b. ינצה. — 6. עד עת, עת עת. — 7. בו מו' וממנו. — 8. כשמו והוא[u]. — 8 b. בתשובתו. — 8 d. מערץ. — 9 b. ועדי[w] משריק[x] כ' אל. — 10 b. ישון[y]. — 11. עושה. — 11 b. נהדרה. 12. הוד הקיפה בכבודו. — 12 b. לא.

---

a) בצאתו. Acc. to G: שמש מופע מביע בצאתו. b) מעשה. c) "Its heat". d) 12, 15 b. e) מחם. f) מוּצָק. g) Cf. לשון אש.

h) Denominative from גומר "coal" in Aramaic. i) Ex. 16, 35. j) וּמְנוּרָה. k) תִּכָּוֶה or תְּכַוֶּה. l) i. e. ב. m) 32, 10 b.

n) „His heroes", sun and moon. o) Perhaps יזרח. p) Gen. 1, 14, 16, 18. q) "Time". r) בו. s) Illegible. t) Is. 66, 23. u) 6, 21. v) Job 38, 37. w) = G. x) 50, 7. y) = ויישן "sleep". z) באשמרותיו.

13 גבורתו תתוה ברק ותנצח זיקות [במשפט:]

14 למען ברא[a] אוצ[ר] ויעף ע[נן כרשף[b]:]

15 . . . .

17 [אימתו תחרף תימן 16b ובכחו זעים הרים:]

16 קול רעמו יחול ארצו 17b זלעפו[ת צ]פון סופה וסערה:

17c [בר]שף יניף שלגו וכארבה ישכון דרתו:

18 תואר לבנה יגהה עינים[c] וממטרו יהמה לבב:

19 וגם כפור כמלח ישכון ויציץ כספיר ציצים[d]:

20 צינת רוח צפון ישיב וכרקב[e] יקפיא מקורו[f]:

על כל מעמד מים יקרים וכשרין ילבש מקוה[g]:

21 יבול הרים[h] כחרב ישיק ונוה צמחים[i] כלהבה:

22 מרפא כל מערף ענן טל[j] פורע לדשן שרב[k]:

23 מחשבתו[l] [י]נשיק[m] רבה[n] ויט[o] בתהום איים[p]:

24 [r]יורדי הים יספרו קצהו לשמע אזננו נשתומם:

---

13. גערתו תתוה בקר ותזנח יקום במ׳. — 13 b. [ותנ]צח זיקום. —
14. למענו. — 17.

קול רעמו יחיל ארצו ובכוחו יזעים הרים
אימתו תחרף תימן עלעול סופה וסערה

17 c. כר׳. — 17 d. c׳רד׳. — 18. יהגה. — 19. ישפך. — 20 b. מקוה. —
21 b. וצור. — 22. טל פורע. — 22 b. רטב. — 23. משובתו. — 23b. [q]אוצר.

---

a) Acc. to G: "was opened", Job 38, 22; Jer. 10. 13. b) "Like a bird". c) רדתו correct reading. d) Num. 17, 23. e) G. וכקרח. f) Synonyme of מקוה. Acc. to Noeldeke: מקורו. g) Ps. 59, 17. h) Job 40, 20. i) Cf. נאות דשא Ps. 23, 2. j) Join to second hem. k) Probably: טל עורף ידשן רטב. l) i. e. ב. m) Doubtful; perhaps יעשיק. n) = תהום רבה. o) G: ויטע. p) Perhaps correct reading. q) Id. r) For the two verses cf. Ps. 107, 23—24.

25	שם פלאות תמהי מעשׂהו	מין כל חי וגבורות[a] רבה:
26	למ̊ע̊נו יצלח מלאך	ובדבריו יפעל רצון:
27	עוד כאלה לא נוסף	וקץ דבר[b] הוא הכל:
28	נ[גד̊]לה עוד כי לא נחקור	והוא גדול מכל מעשיו:
29	נ[ורא] ייי [מ]אד מאד	ונפלאות דב̊ריו[c]:
30	מ[גד]ל[י ייי]הרימו קול	בכל תוכלו כי יש עוד:
	מרומים תחליפו כח[d]	ואל תלאו כי לא ת' [חקרו:]
32	רוב נ[סתרות מ]אלה	מעט ראיתי ממעשיו[e]:
33	את הכל [עשה ייי]	ול[חסידים[f] נתן חכמה:]

CHAP. XLIV.

שבח אבות עולם[g]:

1	אהללה נא אנשי חסד	א̊בותינו בדורותם:
2	רב כבוד חלק ̊עליון	וגדלו מימות עולם:
3	ד̊ורי ארץ במלכותם	ואנשי שם בגבו̊רתם:
	הי̊ועצים בתבונתם	וחוזי כל[i] בנבואתם:
4	שרי גוים במזמתם	ורוזנים במחקרותם:
	חכמי שיח בספ̊רתם	ומושלים במשמרותם:
5	חוקרי מזמור על חו̊ק	נושאי משל בכתב:

25. מעשיו. — 26. למען, למענהו. — 28. נגלה. — 29 b. גבורתו. — 30 c. מרוממיו החליפו כח ואל תלאו כי לא תחק[רו]. — XLIV, 1 b את. — 2. להם. — 3. רודי[h]. — 3 b. בגבורם. — c. יו'. — 4 c. במס'[j]. 5. חקו.

a) "The monsters". b) Koh. 12, 13. c) Better גבורותיו. d) Is. 40, 31; 41, 1. e) Intentional repetition of 42, 15 a. f) Connecting with Ch. XLIV et seq. g) Talm. yer., *Hagigah* 7 *d*. h) Correct reading. i) 15, 18. j) במוסרם = G.

6 אנשי חיל וסומכי[a] כח   ושוקטים על מכונהם[b]:
7 כל אלה בדורם   ומימיהם תפארתם:
8 יש מהם הניחו שם   להשתענות בנחלתם:
9 ויש מהם אשר אין לו זכר   וישבתו כאשר שבתו:
כאשר לא היו היו[d]   ובניהם מאחריהם:
10 ואולם אלה אנשי חסד   ותקותם לא [תשב]ת[e]:
11 עם זרעם נאמן טובם[f]   ונחלתם לב[ני בניהם:]
13 עד עולם יעמד זכרם[g]   וצדקתם ל[א תשכח[h]:]
14 [פגריהם בש]ל[ום נאספו   ושמם יחיה]ל[דור] ודור[i]:
16 חנוך [נמ]צא תמים[k] והתהלך עם ייי ו[י]לקח[l] אות דעת לדור ודור:
17 [נ]ח צדיק[m] נמצא תמים   לעת כלה היה תחליף:
בעבורו היה שארית   ובבריתו חדל מבול:
18 באות[n] עולם נכרת עמו   לבלתי השחית כל בשר:
19 אברהם אב המון גוים[o]   לא נתן בכבודו מום[p]:
20 אשר שמר מצות עליון   ובא בברית עמו[q]:
בבשרו כרת לו חק   ובניסוי[r] נמצא נאמן:
21 על כן בש[בו]עה הקים לו   לברך בזרעו גוים[s]:
21c [t]להנחילם [מי]ם ועד ים   ומנהר ועד אפסי ארץ:

---

7. נכבדו. — 7 b. ובימיהם. — 8 b. להשתעות[c], להשעות. — 15. [j]חכמתם תשנה עדה ותהלתם יספר קהל. — 17 b. ב. — 18. כרת. — 19 b. הופי.

---

a) סמוכי. b) 41, 1 b. c) Correct reading, cf. 37, 14. d) Obad. 1, 16; Job 10, 19. e) 16, 13 b. G—S: וצדקתם לא תשכח, cf. 13 b. f) 50, 24. g) G: זרעם. h) 39, 9 c. i) *Ib.* j) 39, 10; 31, 11. k) Dittogr. of 17. l) Gen. 5, 22. m) *Ib.* 6, 9. n) *Ib.* 9, 12—13. G: ברית, *Ib.* 10, 11, 15, 16. o) *Ib.* 17, 4. p) 47, 19. q) Ez. 16, 8. r) Gen. 22, 1. s) *Ib.* 16—18. t) Ps. 72, 8.

22 וגם ליצחק הקים בן   בעבור אברהם אביו[b]:
ברית[c] כל ראשון[d] נתנו   23 וברכה נחה על ראש ישראל:
ויכוננהו בברכה   ויתן לו נחלתו:
ויציבהו לשבטים.   לחלק שנים עשר:

CHAP. XLV.

1 [ויוצ]א ממנו איש[f]   מוצא חן בעיני כל חי:
א[הוב א]להים ואנשים   משה זכרו לטובה:
2 ו[יכנהו איש א]להים   ויאמצהו במרומים:
3 בד[בריו אותות מ]הר   ויחזקהו לפני מלך:
ויצוהו [א]ל [עמו][h]   וירׄ[אהו כבודו[i]]:
4 באמונתו ובענותו[j]   בחר בו מכל [בשר[k]]:
5 וישמיעהו את קולו   ויגישהו לערפל[l]:
וישם בידו מצוה   תורת חיים ותבונה:
ללמד ביעקב חקיו   ועדותיו ומשפטיו לישראל:
6 וירם קדוש[m] את אהרן למטה לוי   7 וישימהו לחק עולם:
ויתן עליו הוד[n]   וישרתהו בכבודו:
ויאזרהו תועפות ראם[o]   וילבישהו פעמונים:

---

22. [a]כן. — 23 b. ויכנהו בבכורה[e]. — 23 g. ומצא. — XLV, 2. ויכ' ווי. — 2 b. במוראים[g]. — 3. בדברו. — 4. ובענותנותו. — 5 c. ויתן. — 5 e. לוי. — 7 b. לו הודו. — 7 c. בברכה. — 7 d. תואר[p]. — 7 e. העופה[q].

---

a) Correct reading. *b*) Gen. 26, 24. *c*) G—S: ברכת. *d*) S: ראשונים. *e*) Ex. 4, 22. *f*) G—S: איש חסד. *g*) Deut. 4, 34. *h*) Ex. 6, 13. *i*) *Ib.* 33, 18. *j*) Num. 12, 3 and 7. *k*) 45, 16. *l*) Ex. 20, 21. *m*) Add כמוהו Ps. 106, 16; Num. 16, 5, 7. *n*) G: כהנת עם. *o*) Num. 23, 22. *p*) = S. *q*) Perhaps from עוף "agility".

8 וילבישהו כליל תפארת   ויפארהו בכבוד ועוז[a]:
מכנסים כתנות ומעיל[b]   9 ויקיפהו פעמונים:
ורמונים המון סביב   לתת נעימה בצעדיו:
להשמיע בדביר קולו[c]   לזכרון לבני עמו:
10 בגדי קדש[d] זהב תכלת וארגמן   מעשה חשב:
חשן משפט[e] אפוד ואזור   ושני תולעת מעשה אורג:
11 אבני חפץ[f] על החשן   פתוחי חותם במלוא[ים][g]:
כל אבן יקרה לזכרון בכתב חרות   למספר [שבטי יש]ראל[h]:
12 עטרת פז מעיל[i] ומצנפת   וציץ חר[ו]ת ל[יי] קדש:
הוד כבוד ותהלת עז   מחמ[ד]י עין[j] ומכלל י[ו]פי[k]:
13 ל[פנ]י[ו] ל[א היה כ]ן   [ומעו]ל[ם] ל[א לבש[l]] זר:
הא. ן ...[m] לבניו כזה   וכן בניו לדורותם:
14 [מנ]חתו כליל תקטר   וכל יום תמיד פעמים:
15 [וי]מלא משה את ידו[n]   וימשחהו בשמן הקדש:
ותהי לו ברית עולם[o]   ולזרעו כימי שמים[p]:
לשרת ולכהן לו   ולברך את עמו בשמו[q]:
16 ויבחר בו מכל חי[r]   להגיש עלה וחלבים:
ולהקטיר ריח ניחח ואזכרה   ולכפר על בני ישראל:
17 ויתן לו מצותיו   וימשילהו בחוק ומשפט:

---

8. תפארהו. — אין נוסכת תא אירד בוד "This ms. goes no further".

---

a) G—S: בכלי עז II Chr. 30, 21. *b*) Ex. 28—29. *c*) *Ib.* 29, 35. *d*) *Ib.* 28, 2, 4, 5. *e*) *Ib.* 15, 32. *f*) Is. 54, 12. *g*) Or במלאתם Ex. 28, 20. *h*) Jos. 4, 5. *i*) מעל = G, Ex. *ib.* 37. *j*) Lam. 2, 4. *k*) Ps. 50, 2. *l*) Following G: הלביש. *m*) Lacuna which cannot be filled out. Acc. to G: "with the exception of". *n*) Ex. 28, 41. *o*) Num. 25, 13; cf. 50, 24. *p*) Ps. 89, 30. *q*) Num. 6, 24—26. *r*) 45, 4 *b*.

וילמד את עמו חק　　ומשפט את בני ישראל:

18 [a]ויחרו בו זרים[b]　　ויקנאו בו במדבר:

אנשי דתן ואבירם　　ועדת קרח בעזוז אפם:

19 וירא ייי ויתאנף　　ויכלם בחרון אפו:

ויבא[c] להם אות　　ויאכלם בשביב אשו:

20 [d]ו[יוס]ף לאהרן כבודו　　ויתן לו נחלתו:

ת[רומות] קדש נתן לו לחם　　21 [e]אשי ייי יאכלון:

חלקו . . . . . .　　21b [f]ומתנה לו ולזרעו:

22 [g]אך [בארצם] לא ינחל　　ובתוכם לא יחלק נחלה:

אשי[h] יי[י ח]ל[ק ונח]ל[ת]ך　　בתוך בני] ישראל:

23 וגם פינחס [ב]ן אלעזר　　בגבורה נח[ל שלישי בהוד[i]]:

[j]בקנאו לאלוה כל　　[k]ויעמד בפרץ עמו:

אשר[l] נדבו לבו　　[m]ויכפר על בני ישראל:

24 לכן גם לו הקים חק　　ברית שלום[n] לכלכל מקדש:

אשר תהיה לו ולזרעו　　כהונה גדולה עד עולם:

25 וגם בריתו עם דוד　　בן ישי למטה יהודה:

נחלת אש לפני כבודו[o]　　נחלת אהרן לכל זרעו:

[p]ועתה ברכו נא את ייי הטוב　　המעטר אתכם כבוד:

26 ויתן לכם חכמת לב　　[q][לשפט עמו בצדק:]

למען לא ישכח טובכם　　[וגב]ורתכם לדורות עולם:

---

a) Num. 16; Ps. 106. *b*) "Laymen". *c*) G—S: ויברא Num. 16, 30.
d) *Ib*. 18, 8 seq. *e*) Deut. 18, 1. *f*) Num. *ib*. 19. *g*) *Ib*. 20.
h) אני. *i*) Restored by Smend acc. to G—S; but only נחל is certain.
j) Num. 25, 11, 13. *k*) Ps. 106, 23. *l*) G: כאשר. *m*) Num. 25, 13.
n) *Ib*. 12. *o*) G—S: נחלת מלך לבנו לבדו. *p*) 50, 22 seq.
q) Wanting in H.

CHAP. XLVI.

1 גבור בן חיל יהושע בן נון משרת משה בנבואה:
אשר נוצר להיות בימיו[a] תשועה גדלה לבחיריו:
להנקם נקמי אויב[b] ולהנחיל את ישראל[c]:
2 מה נהדר בנטותו יד בהניפו כידון[d] על עיר:
3 מי הוא לפניו יתיצב[e] כי מלחמות ייי נל[חם[f]:]
4 הלא בידו עמד השמש יום אחד [היה לשנים]:
5 כי קרא אל אל עליון כאכפה ל[ו צרים מסביב[g]:]
ויענהו אל עליון באבני[h] ב[רד ואבני א]ל[גבי]ש:
[וישליכם ע]ל [עם שונא[i]] וב[מורד אבד קמים:]
למען [דע]ת כל גוי חרם[j] כי צופה ייי מלחמתם:
וג[ם] כי מלא אחרי אל[k] 7 ובימי משה עשה חסד[l]:
[הו]א וכלב בן יפנה להתיצב בפרע קהל[m]:
להשיב חרון מעדה[n] ולהשבית דבה רעה[o]:
8 לכם[p] גם הם בשנים נאצלו משש מאות אלף רגלי:
להביאם אל נחלתם ארץ זבת חלב ודבש:
9 ויתן לכלב עצמה[q] ועד שיבה עמדה עמו:
להדריכם[r] על במתי ארץ וגם זרעו ירש[s] נחלה:
10 למען דעת כל זרע יעקב כי טוב למלא אחרי ייי[t]:
11 והשופטים איש בשמו כל אשר לא נשא[u] לבו:

---

a) G: כשמו. *b*) Jos. 10, 13. *c*) Deut. 1, 38. *d*) Jos. 8, 18. *e*) *Ib.* 1, 5. *f*) 1 Sam. 18, 17 and 25, 28. *g*) 16 *b*. *h*) Jos. 10, 11; Ez. 13, 11, 13. *i*) Jos. *ib.* *j*) 16, 9. *k*) Num. 14, 24; Jos. 14, 8, 9, 14. *l*) 49, 3. *m*) Ex. 32, 25; Prov. 29, 18, see, also, 45, 23 *d*. *n*) Nehem. 13, 18; Num. 25, 11. *o*) *Ib.* 14, 37. *p*) לכן. *q*) Jos. 14, 10—11. *r*) להדריכו, allusion to ibid. 9 and 12. *s*) יירש. *t*) Deut. 1, 36. *u*) G: זנה.

ולא נסוג מאחרי אל[a]   יהי זכרם לברכה" 12 [b]ושמם תחליף לבניהם :

13 [c]אוהב[d] עמו ורצוי עושהו   המשואל[e] מבטן אמו :
נזיר ייי בנבואה   שמואל שופט ומכהן :
ב[דבר] אל הכין ממלכת   וימשח נגידים על עם :
14 ב[מצות ייי צ]וה עדה   ויפקד אלהי[f] יעקב :
15 ב[אמונתו נדר]ש חזה   וגם בדברו נאמן רועה[g]:
16 [h]וגם ה[וא קרא א]ל [א]ל   [כאכפה] ל[ו אוי]ביו מסביב :
[i]בעלתו [טלה חלב]   17 וירׄ[עם] משמים ייי :
בפקע אדיר[j] נשמע[k] קלו
18 [l]ויכנע נציבי צר ויא[בד את] כל סרני פלשתים :
19 [m]ועת נוחו על משכבו   [n]העיד ייי ומשיחו [:]
[o]כופר ונעלם[p] ממ[י לקח]תי   וכל אדם לא ענה בו :
[q]וגם עד עת קצו נבון נמצא   בעיני ייי ובעיני כל חי :
20 [r]וגם אחרי מותו נדרש   ויגד למלך דרכיו[s]
וישא מארץ קולו בנבואה [:]

CHAP. XLVII.

1 וגם אחריו עמד נתן   להתיצב לפני[t] דוד :
2 כי כחלב מורם מקדש   כן דויד מישראל :
3 [u]לכפירים שחק כגדי   ולדובים כבני בשן[v]:

---

a) Ps. 44, 19. *b*) 12 *a* in G = 49, 10 *d*. *c*) 45, 1; I Sam. 2, 26. *d*) אהוב. *e*) I Sam. 1, 28. *f*) Perhaps אהלי,. Num. 24, 5. *g*) רואה. *h*) Referring back to verse 5. *i*) I Sam. 7, 9—10; II Sam. 22, 44. *j*) 50, 16 *c*. *k*) G—S: השמיע. *l*) I Sam. 7, 13; cf. 47, 7. *m*) I Sam. 12; Is. 57, 2; cf. 40, 5 *c*. *n*) Sam. *ib*. 5. *o*) *Ib*. 3. *p*) נעלים, acc. to LXX; cf. Amos 2, 6; 8, 6. *q*) Wanting in G—S. *r*) I Sam. 28. *s*) G: אחריתו: S. ארחו. *t*) 8, 8 *d*; 38, 3 *d*; Prov. 22, 29. *u*) I Sam. 17, 34. *v*) G: צאן.

4 [a]בנעוריו הכה [ג]בור ויסר [חרפת] עולם[b]:
בהניפו ידו על קלע וישבר ת[פא]רת גלית:
5 [c]כי קרא אל אל עליון ויתן בימינו עז:
להדף את איש יודע מלחמות ולהרים את קרן עמו:
6 [d]על כן ענו לו בנות [e]ויכנוהו ברבבה:
בעטותו צניף[f] נלחם 7 [g]ומסביב הכניע צר:
ויתן בפלשתים ערים[h] ועד היום שבר קר[נם:]
8 בכל מעשהו נתן הודות[i] לאל עליון [אמר כ]בוד:
בכל לבו אוהב[k] עשהו ובכל [יום[l] . . .]:
9 נגינות שיר ל[פני מ]זבח וקול ה[מזמור נ]בלים תיקן:
10 . . ל . . . . שנה:
בהל[לו] את שם קדשו לפני בק[ר] ירנן משפט:
11 [וגם] ייי העביר פשעו וירם לעולם קרנו:
[ויתן] לו חקת מלכת וכסאו הכין על ירושלם[p]:
12 [ו]בעבורו[q] עמד אחריו בן משכיל שוכן לבטח:
13 שלמה מלך בימי שלוה ואל הניח לו מסביב[r]:
אשר הכין בית לשמו ויצב לעד מקדש:
14 מה חכמת בנעריך ותצף כיאר מוסר:

---

8 c. [j]דויד. — 9. [m]הכין. — 9 b. נבל. קול מזמור הנעים[n]. — 10 d. above משפט: [o]מקדש.

---

a) *Ib.* b) Jer. 23, 40; Ps. 78, 66. Perhaps: חרפת עמו Is. 25, 8; Mich. 6, 16 and G—S. c) 46, 5, 16. d) I Sam. 18, 7. e) 44, 23*b*. f) 40, 4; Is. 62, 3. g) 46, 18. h) Perhaps an allusion to II Sam. 8, 14. G: ויבן and ערים "enemies". i) I Chr. 25, 3 etc. j) Add to text. k) אהב. l) Complete stanza by הודה לו בשיריו. m) Add to text. II Chr. 20, 21. n) = G. o) Correct reading. p) G—S: על ישראל. q) 44, 22*b*. r) Jos. 21, 42 etc.

15 ארץ כסית ב[בינת]ך   ותקל[ס][a] ב[מרום שירה:

17 בשיר מ[ש]ל חידה ומליצה   עמים הסערתה:

18 [b]נקראת בשם הנכבד   הנקרא על ישראל:

ותצבר כברזל[c] זהב   וכעפרת הרבית כסף:

19 ותתן לנשים כסליך   ותמשילם בגויתך:

20 ו[ת]תן מום בכבודך[d]   ותחלל את יצועיך[e]:

[להביא] אף על צאצאיך   ואנחה על משכבך:

21 ל[היות העם] לשני שבטים   ומאפרים ממלכת חמס:

22 [ואולם א]ל לא יטוש חסד   ולא יפיל מדבריו ארצה[f]:

לא [יכרית לבחירי]ו נין ונכד[g]   [וזרע אוה]ביו לא ישמיד:

ויתן ל[יעקב פלטה[h]]   ול[דוד[i] ממנו שרש[j]:]

23 וישכב שלמה מ[שרי]ש[k]   ויעזב אח[ריו קצי]ן[l]:

רחב אולת[m] וחסר בינה   רחבעם הפריע[n] בע[צתו ע]ם:]

עד אשר קם[o] אל יהי לו זכר[p]

ירבעם בן נבט אשר [חטא והחטי]א א[ת ישראל[q]:]

ויתן לאפרים מכשול   24b להדיחם [מ]אדמתם:

24a ותגדל חטאתו מאד   25 ולכל רעה התמכר[r]:

CHAP. XLVIII.

1 עד אשר קם נביא כאש   ודבריו כתנור בוער[s]:

2 וישבר להם מטה לחם[t]   ובקנאתו המעיטם:

---

a) ס is uncertain. b) Jedidia, II Sam. 12, 25. c) G—S: כבדיל. I K. 10, 27. d) 44, 19. e) Gen. 49, 4; I Chr. 5, 1. f) I Sam. 3, 19. g) Is. 14, 22. h) Or שארית. i) S: ולבית דוד, cf. 48, 15 f. j) Is. 11, 10; II K. 19, 30. k) Illegible. l) Acc. to 48, 15 f, but reading uncertain. m) Play on the name Rehoboam. n) 46, 7c; Ex. 5, 4. o) 48, 1, 15c. Perhaps dittography. p) Wanting in G—S. q) I K. 14, 16. r) Ib. 21, 20 etc. s) Mal. 3, 19. t) Ez. 4, 16; 5, 16 etc.

3 בדבר אל ע[צ]ר שמים[a] [ויורד] שלש אשות[b]:
4 מה נורא את[ה] אליהו אשר[c] כ[מו]ך יתפאר:
5 [d]המקים גוע ממות ומשאול כרצון ייי:
6 [e]המוריד מלכים על שחת [f]ונכבדים [מ]מטותם:
8 המושח מלא[g] תשלומות [h]ונביא תחליף[i] תחתיך:
7 והשמיע[j] בסיני תוכחות ובחורב משפטי נקם:
9 [k]הנלקח בסערה מעלה [l]ובגדודי אש מ[רום]:
10 [m]הכתוב נכון לעת להשבית אף לפנ[י בא יום ייי:]
[n]להשיב לב אבות על בנים , ולהכין ש[בטי ישרא]ל:
11 אשר[o] ראך ומת[p] . . [q]. ך . . [חיה .ח]יה:
12 [א]ל[יה]ו כאשר נסתר בסערה וא]ל[ישע נמלא רוחו:]
[r]פי ש[נים] אתות הרבה ומופתים כל מוצא פיהו[s]:
מימיו לא זע מכל ולא משל ברוחו כל בשר:
13 כל דבר לא נפלא ממנו ומתחתיו נברא בשרו[t]:
14 בחייו עשה נפלאות [u]ובמותו תמהי מעשהו[v]:
15 [w]בכל זאת לא שב העם ולא חדלו מחטאתם:
עד אשר נסחו מארצם[x] ויפצו בכל הארץ:
וישאר ליהודה מזער[y] ועוד לבית דוד קצין:
16 יש מהם[z] עשו יושר ויש מהם הפליאו מעל:

---

a) I K. 17, 1. *b*) II K. 1, 9—14; I K. 18, 38. *c*) Perhaps מי. *d*) I K. 17, 17—24. *e*) *Ib.* 21, 20—24. *f*) II K. 1, 4, 16. *g*) G—S: מלך. *h*) I K. 19, 16. *i*) 44, 17. *j*) והשומע, I K. 19, 8 and 17. *k*) II K. 2, 1, 11; 3, 5, 9—10. *l*) *Ib.* 2, 1, 11. *m*) Mal. 3, 23. *n*) *Ib.* 24. *o*) אשרי. *p*) Acc. to S. nothing followed this word. *q*) Illegible; but the text differed from G—S. Perhaps אשריך כי חיה תחיה. *r*) II K. 2, 9. *s*) 39, 17*d*. *t*) The resuscitated child; or, read נבא (= G). *u*) II K. 14, 21. *v*) 43, 25. *w*) Is. 9, 11—12. *x*) Deut. 28, 63—64. *y*) Is. 24, 6. *z*) 44, 8.

17 יחזקיהו חזק[a] עירו   בהטות אל הוכה מים[b]:
ויהצב כנחשת[c] צורים   [d]ויחסום הרים[e] מקוה:
18 [f]בימיו עלה סנחריב   וישלח את רב שקה:
ויט ידו על ציון[g]   ויגדף אל בגאונו[h]:
19 [אז נ]מוגו בגאון לבם[i]   ויחילו כיולדה[j]:
20 [k]וי[קר]או אל אל עליון   ויפרשו אליו כפים[l]:
וי[שמע ייי ב]קול תפלתם   ויושיעם ביד ישעיהו:
21 [m]ו[יך במ]חנה אשור   ויהמם במגפה:
22 [כי עשה יחז]קיהו את הטו[ב]   [ו]יחזק בדרכי דוד:
[אשר צוהו ישעיה הנביא   הגדול והנאמן בחזיונו:
23 בידו[n] עמד השמש   [o]ויוסף על חיי מלך:]
24 [p]ברוח גבורה חזה אחרית   וינחם אבלי ציון[q]:
25 עד עולם הגיד נהיות[r]   ונסתרות לפני בואן:

CHAP. XLIX.

1 שם יאשיהו כקטרת סמים   הממלח מעשה רוקח[s]:
בחך כדבש[t] ימתיק זכרו   וכמזמור על משתה היין[u]:
2 כי נחל על משובתינו   [v]וישבת תועבות הבל:
3 ויתם אל אל לבו   ובימי חמס עשה חסד:
4 לבד[w] מדויד יחזקיהו   ויאשיהו כלם השחיתו:

---

a) Play on the name Ezekiah. II Chr. 32, 5. *b*) II K. 20, 20. *c*) בנחשת. *d*) Is. 22, 11. *e*) i. e. ב. *f*) II K. 18—19; Is. 36. *g*) Job 15, 25. *h*) II K. 19, 6 = Is. 37, 6. *i*) G: ידיהם ולבם. *j*) II K. 19, 3 = Is. 37, 3. *k*) 46, 5; 47, 5. *l*) Ex. 9, 29. *m*) II K. 19, 35. *n*) 46, 4. G: בימין. *o*) II K. 20, 1—11 = Is. 38. 1—8. *p*) Alluding to Is. 40 et seq. *q*) Is. 61, 2—3. *r*) 42, 19. *s*) Ex. 30, 35. *t*) Cant. 2, 3; Prov. 24, 13. *u*) 32, 5*b*. *v*) II K. 23, 11. *w*) Deut. 3, 5.

ויעזבי תורת עליון   מלכי יהודה עד תמם:

5 ויתן קרנם לאחור[a]   וכבודם לגוי נבל נכרי[b]:

6 ויציתו קרית קדש   וישמו ארחתיה:

ביד[c] ירמיהו   7 כי ענוהו[d]   והוא מרחם נוצר נביא:

[e]לנתוש ולנתוץ ולהאביד להרס   וכן לבנת לנטע ולהשיב:

8 יחזקאל ראה מראה   ויגד זני מרכבה[f]:

9 וגם הזכיר[g] את איוב . . . . [h]   המכלכל כל ד[רכי צ]דק:

10c וגם שנים עשר הנביאים[i]   [j]תהי עצמתם פר[חת מתח]תם:

10 אשר החלימו[k] את יעקב   ויש׳ נוהו[l] ב[בטחון ישועה:]

11 [מה נגד]ל [זרובבל   והוא כחתם ע]ל [יד ימין[m]:]

12 [וגם יהושע בן יוצדק   [n]אשר בימיהם הכינו מזבח:]

וירימו היכל קדש   המכונן לכבוד עולם:

13 נחמיה יאדר[o] זכרו   המקים את חרבתינו:

13d וירפא את הריסתנו[p]   13 ויצב דלהים ובריח[q]:

14 מעט נוצר[r] על הארץ כהניך[s]   וגם הוא נלקח[t] פנים[u]:

15 כיוסף אם נולד גבר   15c וגם גויתו נפקדה:

16 ושם ושת ואנוש נפקדו[v]   ועל כל חי תפארת אדם[w]:

---

a) לאחר' "to others". b) Gloss. c) S: בימי. d) Jer. 1, 5. e) *Ib.* 10. Cf. LXX. f) Alluding to the first chapters of Ezekiel. g) Alluding to the mention of Job by Ezekiel (14, 14, 20). h) Doubtless originally בזרים "among strangers", which G. read as בזרם "in the downpour". i) Proof that the canon of the Prophets was closed. j) 46, 12. k) Is. 38, 16. l) Illegible. m) Hagg. 2, 2—3. n) Ezra 2, 23. o) 36, 6*b*, marg.; G—S: יאריך, reading in the text *ib.* p) I K. 18, 30. q) Deut. 3, 5; Jos. 6, 26. r) נוצרו. s) כחנוך. t) 44, 17; Gen. 5, 24. u) = אל פנין, cf. Targum to Deut. 7, 10. v) G: נכבדו. w) "Man" in opposition to "his people" 15*b*.

CHAP. L.

15b גדול אחיו ותפארת עמו L, 1 שמעון בן יוחנן[a] הכהן:

אשר בדורו נפקד[b] הבית ובימיו חזק היכל:

3 אשר בדורו נכרה מקוה אשיח בם[c] בהמונו:

2 אשר בימיו נבנה קיר פנות מעון[d] בהיכל מלך:

4 הדואג לעמו מחתף ומחזק עירו מצר:

5 מה נהדר בהשגיחו מאהל ובצאתו מבית הפרכת[e]:

6 ככוכב אור[f] מבין עבים וכירח מלא מבין[g] בימי מועד[h]:

7 וכשמש משרקת[i] אל היכל המלך וכקשת נראתה בענן[j]:

8 כנץ בענפי[k] בימי קיץ וכשושן על יבלי מים[l]:

כפרח לבנון[m] בימי קיץ 9 וכאש לבונה על המנחה[n]:

ככלי זהב....א.יל[o] הנאחז על אבני חפץ[p]:

10 כזית רענן מלא גרגר ובעץ שמן[q] מרוה ענף:

11 בעטותו בגדי כבוד והתלבשו בגדי תפארת:

בעלותו על מזבח הוד ויהדר עזרת מקדש:

12 בקבלו נתחים מיד אחיו[r] והוא נצב על המערכות:

סביב לו עטרת בנים[s] כשתילי ארזים בלבנון:

ויקיפוהו כערבי נחל[t] 13 כל בני אהרן בכבודם:

ואשי ייי בידם נגד כל קהל ישראל:

---

a) Perhaps the real name of Simon, called by Josephus son of Onias, and in the Talmud, *Megilla* 10*a*, son of חוניא. Such names are diminutives. *b*) נבדק "repaired" (Schechter), II Chr. 34, 10. *c*) כים. *d*) Perhaps מעוז. *e*) Lev. 16, 2. *f*) Participle, cf. 13, 25. *g*) Dittography. *h*) Passover. *i*) 43, 9*b*. *j*) Ez. 1, 28; Gen. 9, 14. *k*) בענפים. *l*) Is. 44, 4. *m*) Nah. 1, 4. *n*) Lev. 6, 8. *o*) Illegible. *p*) 45, 11*b*. *q*) Neh. 8, 15. *r*) Mishnah, *Tamid* 7, 3. *s*) G—S: אחים. *t*) Job 40, 22.

14 עד כלותו לשרת מזבח[a] ולסדר מערכות עליון:
16 אז יריעו בני אהרן הכהנים בחצצרות מקשה[b]:
ויריעו וישמיעו קול אדיר[c] להזכיר[d] לפני עליון:
17 כל בשר יחדו נמהרו [e]ויפלו על פניהם ארצה:
להשתחות לפני עליון לפני קדוש ישראל:
18 [f]ויתן השיר קולו ועל המון העריכו[g] נרו[h]:
19 וירנו כל עם הארץ[i] בתפלה לפני רחום:
[j]עד כלותו לשרת מזבח ומשפטיו[k] הגיע אליו:
20 אז ירד ונשא ידיו על כל קהל ישראל:
וברכת ייי בשפתיו ובשם ייי התפאר:
21 וישנו לנפל שנית ......ל מפניו:
22 [l]עתה ברכו נא את ייי אלהי ישראל
המפלא לעשות בארץ:
המגדל אדם מרחם ויעשהו כרצונו:
23 יתן לכם חכמת לבב ויהי בשלום[m] ביניכם[n]:
24 יאמן עם שמעון חסדו ויקם לו ברית פינחס[o]:
אשר לא יכרת לו ולזרעו כימי שמים[p]:
25 בשני גוים קצה נפשי והשלישית[q] איננו עם[r]:
26 יושבי שעיר ופלשת וגוי נבל[s] הדר בשכם:
27 מוסר שכל ומושל[t] אופנים[u]
לשמעון בן ישוע[v] בן אלעזר בן סירא:

---

a) G: על מזבח, cf. 44, 15*e*. *b*) Num. 10, 10. *c*) 46, 17*b*. *d*) Num. *ib.*; I Chr. 16, 4. *e*) II Chr. 29, 28. *f*) *Ib.* *g*) העריבו (Schechter). *h*) רנה or רנן. *i*) II Chr. 33, 25. *j*) 14; II Chr. 29, 29. *k*) Prescribed offerings. *l*) 45, 25*e*—26*f*. *m*) שלום. *n*) G: ביניכם. *o*) 45, 23. *p*) 45, 15*d*. *q*) והשלישי. *r*) The Samaritans; Deut. 32, 21. *s*) 49, 5*b*; Deut. *ib.* The Samaritans. *t*) ומשל. *u*) Unintelligible. *v*) Versions: Jesus son of Simon.

אשר ניבע כפהור[a] לבו ואשר הביע בתבונות:

28 אשרי איש באלה יהגה ונותן על לבו יחכם:

CHAP. LI.

29b כי יראת ייי חיים

LI, 1b אהללך אלהי ישעי 1 אודיך אלהי אבי:

1c אספרה שמך 2 מעוז חיי 2a [b]כי פדית ממות נפשי:

2b [c]חשכת בשרי משחת 2b'' [d]ומיד שאול הצלת רגלי:

2b''' [e]פציתני מדבת עם[f]

2d משוט דבת לשון[g] 2d ומשפת שטי כזב[h]:

2c נגד קמי הייתה לי[i] 3 עזרתני כרוב חסדך:

ממוקש צופי סלע[j] ומיד מבקשי נפשי:

מרבות צרות הושעתני 4 וממצוקות[k] שלהבת סביב:

מכבות[l] אש לאין פחה[m] 5 [n]מרחם [תה]ום לאמ . . :

5b משפתי זמה 5c וטפלי שקר[o] 5d [p]וחצי לשון מרמה:

6 [q]ותגע למות נפשי [r]וחיתי לשאול תחתיות:

7 [s]ואפנה סביב ואין עוזר לי ואצפה סומך ואין:

8 ואזכרה את רחמי ייי [t]וחסדיו אשר מעולם:

המציל את חוסי בו [u]ויגאלם מכל רע:

9 וארים מארץ קולי [v]ומשערי שאול שועתי:

---

a) כפרת "like the Euphrates"? (Bacher). b) Only in G. Ps. 71, 23. c) Is. 38, 17 acc. to LXX. d) Only in S. e) Wanting in G—S. f) 41, 7b, 9c; 38, 17c. g) Job 5, 21. h) Ps. 40, 5. i) G adds כעוז. j) 37, 14b. k) A poor expression. l) מבינות. Ez. 10, 9. m) פחם. n) Jon. 2, 3. o) Job 13, 4; Ps. 119, 69. p) Jer. 9, 7. q) Ps. 88, 4. r) Ib. 86, 13. s) Is. 63, 5. t) Ps. 25, 6. u) Gen. 48, 16. v) Jon. 2, 3.

1 וארוממ ייי אבי אתה " [a]כי אתה גבור ישעי:

[b]אל תרפני ביום צרה [c]ביום שואה ומשואה:

11 [d]אהללה שמך תמיד ואזכרך בתפלה:

11b [e]אז שמע קולי ייי 11c ויאזין אל תחנוני:

12 ויפדני מכל רע וימלטני ביום צרה:

על כן הודיתי[f] ואהללה ואברכה את שם ייי:

פּ̈ [g] a הודו לייי כי טוב כי לעולם חסדו[h]:

b הודו לאל התשבחות[i] כי לעולם חסדו:

c הודו לשומר ישראל[j] כי לעולם חסדו:

d הודו ליוצר הכל[k] כי לעולם חסדו:

e [l][הוד]ו לגואל ישראל כי לעולם חסדו:

f [w][הו]דו למקבץ נדחי ישראל כי לעולם חסדו:

g [n]הודו לבונה עירו ומקדשו כי לעולם חסדו:

---

a) Only in S. *b*) Prov. 24, 10. *c*) Zeph. 1, 15. *d*) Ps. 145, 2. *e*) Only in S. *f*) G—S: אודה. *g*) The following fifteen lines form a canticle, which is found neither in G, nor in S. It has so many points in common with the "Eighteen Benedictions", a Pharisaic prayer, and by mentioning the Messiah son of David, directly contradicting the express opinion of the author, that its authenticity is dubious. *h*) Ps. 136, 1; upon which psalm the canticle is modeled. *i*) This expression does not occur in Ben Sira, but occurs in the ritual of prayers. *j*) Ps. 121, 4. Resumé of the blessing which follows the evening Shema. *k*) Resumé of the blessing which preceeds the morning Shema. *l*) The four following verses refer to the messianic time. Here the resemblance is even more striking; the paragraphs follow in the same order, and the identical expressions are used. Seventh benediction. Is. 49, 7; Ps. 119, 153—4. *w*) Tenth benediction. Is. 27, 13; 11, 12, etc. *n*) Fourteenth benediction. In Palestine, this benediction was joined to the following. Ps. 147, 2.

h [a] הודו למצמיח קרן לבית דוד כי לעולם חסדו:

i הודו לבוחר בבני צדוק לכהן[b] כי לעולם חסדו:

j הודו למגן אברהם[c] כי לעולם חסדו:

k הודו לצור יצחק[d] כי לעולם חסדו:

l הודו לאביר יעקב[e] כי לעולם חסדו:

m הודו לבוחר בציון[f] כי לעולם חסדו:

n הודו למלך מלכי מלכים[g] כי לעולם חסדו:

o [h] וירם קרן לעמו תהלה לכל חסידיו לבני ישראל עם קרובו הללויה:

13 [i] אני נער הייתי[j] 13b-14a [k] וחפצתי בה ובקשתיה[l]:

15b [m] באמתה דרכה רגלי[n] אדני מנעורי הכמה למדתי:

---

a) Fifteenth benediction. Ps. 132, 17. In 36, 8 we have a parallel to the 18 benedictions; but no allusion is made there to the person of the son of David, which agrees with the author's hostility to the Kings of Judah, Ch. 44 et seq. *b*) If contemporary Sadokite high-priests are referred to, this portion must be much anterior to the Maccabaean revolt. Possibly, the reference is simply to the future and to Ezekiel 40, 46; 43, 19; 44, 15—16; 48, 11. Cf. Mishna *Yoma* 7, 1; Jer. Talmud, *Yoma* 44*b*; Mishna *Sota* 7, 7; *Middot* 5, 5. *c*) First benediction. Gen. 15, 1. *d*) In the first benediction the words are simply "God of Abraham, God of Isaac, God of Jacob". *e*) Ps. 132, 2. *f*) *Ib.* 13. *g*) Expression unknown to the Bible, but very common in Talmud and Ritual. See e. g. the Mussaf of Rosh ha-Shanah. *h*) Taken bodily from Ps. 148, 14. *i*) Canticle translated from S, the original of which was alphabetic. Of this alphabet there remain only the letters — ח — א ת — ש — ר — ק — צ — פ — ע — נ — מ — ל — י, due to the impossibility of rendering the Syriac by other words. Wherever a mistake was possible, the acrostic is interrupted; e. g. verse 23. Where S. is in error, or skips a passage, the same error and omission are found in H, and the acrostic is broken. In addition, the resemblance of H to S is here continuous; generally it is intermittant. For this reason, later Rabbinical expressions are not surprising. The canticle was probably added by the author of the corrections and doublets which have been so frequently met with in preceeding chapters. *j*) Ps. 71, 17. *k*) 13*b* wanting also in S. *l*) This suffix, found also in S., indicates a lacuna, no noun having yet occurred. *m*) 15 wanting also in S. *n*) Ps. 25, 5. דרכה began the verse, giving the ד of the acrostic.

16 ואתפלל תפלה בנערותי[a] — והרבה מצאתי דעה:

17 עלה היה לי לכבוד — ולמלמדי אתן הודאה[b]:

18[a-b] [c]חשבתי להיטיב — 18[c] ולא אהפך[d] כי אמצאנו:

19 חשקה נפשי בה — ופני לא אהפך ממנה:

20 [e]נפשי נתתי אחריה — " [f]ולנצח נצחים לא אטה ממ[נ]ה

19[c] [g]ידי פתחה שעריה — ולה אחדר[h] ואביט ב.:

20[b] [i]ובטהרה מצאתיה

20[c] [j]לב קניתי לה[k] מתחלתה[l] — 20[d] בעבור כן [לא אעזבנה:]

21 [m]מעי יהמו כתנור לה[n] להביט בה — בעבור כן קניתיה קנין טוב:

22 [o]נתן ייי לי שכר שפתותי — ובלשוני אהודנו:

23 [p]פנו אלי סכלים — ולינו בבית מדרשי[q]:

24 [r]עד מתי תחסרון מן אילו ואילו — ונפשכם צמאה מאד תהיה:

---

a) An exact copy of S. where צלית אנא is altered from צלית אדנא "I inclined my ear", the reading of G., = הטיתי אזני: הטיתי gives the ה of the acrostic. Similarly כד זעור in S means "a little", opposed to הרבה "much" in hemistich *b*. The translator understood it in the sense "small, young", which became נערותי, a word of the glossator (see 30, 12), Ben Sira always using נעורים. *b*) Form not used by Ben Sira; cf. 47, 8, הודות. *c*) Resumé of the original = S. *d*) One would rather expect אשוב; G's reading "and I shall not be ashamed" = אבוש, which suggests אשוב. אהפך comes from S. *e*) Misplaced hemistich; similarly in S. Acc. to G: כוננתי אליה נפשי, letter כ. *f*) Three stichoi; G has only two; S. = H. *g*) Letter י. *h*) Same verb as in S.; cf. Ez. 21, 19. *i*) Same arrangement of hemistiches in S. *j*) Letter ל; delete the conjunction caused by the faulty arrangement of the verses. *k*) לי. *l*) Ben Sira would have said מראש. *m*) Letter מ. *n*) Perhaps dittography. *o*) Letter נ. *p*) ס is needed at the beginning. This cannot be the second word. Read סורו, cf. Prov. 9, 4, 16. פנו is translation of סטו in S. *q*) Very late neologism. *r*) Letter ע. Hemistich unusually long; and אילו ואילו are rabbinical expressions = הלין S.

25 [a]פי פתחתי ודברתי בה[b] קנו לכם חכמה בלא כסף[c]:

26 [d]וצואריכם בעלה הביאו [e]ומשאה תשא נפשכם:

[f]קרובה היא למבקשיה ונותן נפשו מוצא אותה:

27 [g]ראו בעיניכם כי קטן הייתי ועמדתי[h] בה ומצאתיה[i]:

28 [j]רבים שמעו למודי בנערותי[k] וכסף וזהב תקנו בי[l]:

29 [m]תשמח נפשי[n] בישיבתי[o] ולא תבושו בשירתי[p]:

30 מעשיכם עשו בצדקה[q] והוא נותן לכם שכרכם בעתו[r]:

ii [s]ברוך ייי לעולם ומשובח שמו לדר ודר:

iii [t]עד הנה דברי שמעון בן ישוע שנקרא בן סירא:

iv [u]חכמת שמעון בן ישוע בן אלעזר בן סירא:

v [v]יהי שם ייי מבורך מעתה ועד עולם:

---

a) Letter פ. Prov. 31, 26. *b*) Only in S.; the word is useless. *c*) Is. 55, 1. *d*) Letter צ; delete the conjunction, which is only in S. *e*) Differs from S; the translator having 6, 25 in mind. *f*) Letter ק. *g*) Letter ר. See verse 16, of which this is a repetition in order to give the ר of the acrostic. In place of "I was young" read "a little", as G—S. The original read: ראו בעיניכם כי מעט עמלתי בה, cf. 6, 18 *c-d*. *h*) עמלתי or עבדתי. *i*) See foll. verse.) Letter ש; the verse really commences with שמעו; for רבים read רבה or הרבה, which belongs to 27*b*. *k*) Unintelligible: same mistake as above, the meaning being "as small as he was", "though small". *l*) G: בה. *m*) Letter ת. *n*) נפשכם. *o*) Unintelligible: G has: ἐλέει, i. e. "salvation". Read בישועתי or בישועתו; cf. 35, 19*d*, וישמחם בישועתו translated in G: ἐν τῷ ἐλέει αὐτοῦ. בישיבתי a mistake from S בתיבותי "in my penitence" (S reads בשובתי) read as ביתבתי. *p*) Or שירתו "to praise Him", i. e. God. *q*) Correction of S; but the phrase gives no sense. G—S: בלא עת or בל עת, cf. 32, 4*b*. *r*) Here G ends. *s*) Ps. 89, 53 = S. *t*) = S., but the names are transposed as remarked above. *u*) S: "Finished to write the Wisdom of Bar Sira". *v*) Ps. 113, 2.

GLOSSARY.

A = Aramaic. Ar = Arabic. N H = Neo-hebraic. Syr. = Syriac.

אבות עולם ,אב The patriarchs | *Die Erzväter* 44.

אֹבֵד poor | *arm* 11, 12.

אֹבֶד poverty | *Armut* 11, 4.

אדר hiphil: make glorious | *glorreich machen* 36, 6*b*; 49, 13. (Is. 42, 11).

אהב hiph.: make beloved | *beliebt machen* 4, 7.

אחר hitpael: remain behind | *zurück bleiben* 7, 34; 11, 11*b*; 32, 11.

אחרית posterity | *Nachkommen* (?) 16, 3 II.

איש לשון chatterbox | *Schwätzer* 8, 3; 9, 18; 25, 19*b*.

אֲכָפָה pressure | *Druck* 46, 5*b*, 16*b*.

אילן these | *diese* 51, 24, A.

אליל low being | *winziges Wesen* 11, 3.

אמון worthy of confidence | *Vertrauenswürdig* 37, 13*b*.

אונש (?) suffering | *Leiden* 11, 12*b*.

אנח hitpael: afflict onesself | *sich grämen* 12, 12*f*; 30, 20.

אנס niphal: be forced, led away | *genötigt, entführt* 31, 21.

אונס force | *Zwang* 30, 20*c* (Esther).

אסף bury | *begraben* 38, 16*c*.

אצל niphal: taken away, preserved | *weggenommen, erhalten* 42, 21*c*; 46, 8; pauperized | *verarmt, beraubt* 13, 17*b* II.

ארך or ארך רוח slowness | *Langsamkeit* 5, 11*b*.

אש plur. אשות fire | *Feuer* 48, 3.

אשיח reservoir | *Wasserbehälter* 50, 3*b*.

באש be bad, unfortunate | *schlecht, unglücklich sein* 3, 24. A.

בגר (?) reach age of puberty | *mannbar werden* 42, 9*c*.

בדק niphal: be repaired | *ausgebessert sein* 50, 1*b* (II Chr. 34, 10).

ביע be puffed up, happy | *aufgeblasen, stolz sein* 16, 2; hitpael: התבעבע, idem 14, 4*b*. A. N H.

בוש piel בִּיֵּשׁ humiliate | *beschämen* 8, 6.

בושׁ humble | *demüthig, verschämt* 32, 10II; 41, 24.

בטא, בטה speak | *sprechen* 5, 13 (Prov. 12, 18).

ביטה word | *Wort* 9, 17*b*.

בין hitpael: play the wise man | *als weise sich benehmen* 7, 5*b*.

בית among | *zwischen* 42, 12*b* (Ez. 41, 9). A.

בית המדרשׁ school | *Schule* 51, 23*b*.

בנה produce | *hervorbringen* (?) 38, 18*c*.

בעל אף irascible | *jähzornig* 8, 16.

בעל לחם table-companion | *Tischgenosse* 9, 16.

בעל סוד confidant | *Vertrauter* 6, 5*b*.

בעל שׁתים double-tongued | *doppelzüngig* 5, 14*d*, 16*d*.

בצע fault, blemish, discredit | *Fehler, Schandfleck, Miskredit* 7, 6*d*.

בוֹצֵעַ calumniator | *Verleumder* 11, 28*c*, *e*.

בצר niphal: be deprived of | *beraubt sein* 37, 20*b*. N H.

בריה creature | *Geschöpf* 16, 14*e*. N H.

גבְהָן braggart | *Prahler* 4, 29.

גבר hiphil: triumph | *triumphiren* 39, 34 (but var. has: גִבּר).

גהה (= כהה) blind | *blind machen* (?) 43, 18.

גויעה interment | *Beerdigung* (?) 38, 16*b*.

גומרה (conjecture) coal | *Kohle* 8, 10. A.

גיל hiphil: cause to exult | *frohlocken machen* 40, 26.

גלול sing.: idol | *Götze* 30, 18*b*.

גמילות חסד charity | *Wohlthätigkeit* 37, 11*e*. N H.

גמר reduce to coals | *verkohlen* 43, 4*c*. A.

גע גע fie fie! | *pfui* 13, 21*c*. Syr.

גפה side | *Seite* 40, 16. A.

גרגרן glutton | *Vielfrass* 31, 16*b*II. A. N H.

גרגרת windpipe | *Gurgel* 36,18. N H.

דאב hiphil: afflict | *kränken* 4, 1*b* (Lev. 26, 16).

דאג ל busy onesself with | *sich beschäftigen mit* 32, 1*b*; 50, 4.

דוך polpal מדכדך: depressed | *betrübt* 4, 2.

דור dwell | *wohnen* 50, 26*b* (Ps. 14, 11). A.

דין sorrow | *Sorge* 14, 1*b*; 30, 21, 23*c*, 24; 37, 2; 38, 18*b*. = דון N H.

דלות poverty | *Armut* 10, 30. N H.

דמיון plur. דמיונות imaginings | *Einbildungen* 3, 23*b*.

דמך lie down | *sich hinlegen* 9, 4. A.

דמע hiphil: shed tears | *Tränen vergiessen* 12, 16*c*.

דפי shame | *Schande* 44, 19 (Ps. 50, 20).

דשׁן hitpael הדשׁן: fatten onesself, make merry | *sich fett machen, belustigen* 14, 11*b*.

הדר niphal: be magnificent | *herrlich sein* 43, 11*b*; 46, 2; 50, 5 (Lam. 5, 12).

הודאה praise | *Danksagung* 51, 17*b*. N H.

הודה id. 47, 8 (Neh., Ezra, Chr.).

הלל piel: brighten | *hell machen* 36, 27 (Job 29, 3).

ותיק upright, adroit | *redlich, gewand* 36, 20. N H. (in a different sense)

זבד give | *schenken* 7, 25 (Gen. 30, 20).

זבד gift | *Geschenk* 36, 19; 40, 29 (Gen. 30, 20).

זהיר intelligent | *verständig* 12, 1; 13, 13; 42, 8c.

זהירה splendour | *Glanz* 43, 8*d*.

זהר piel: guard | *schützen*, 11, 32II. hiphil: shine | *strahlen* 43, 9*b*, (Daniel).

זוב hiphil: cause to flow | *fliessen machen* 38, 16.

זוח retire | *sich zurückziehen* 8, 11. N H.

זוע move, tremble | *bewegen, zittern* 31, 13II (acc. to S.); 43, 17; 48, 12*e* (Koh., Esther).

זוח cry out, blame | *schreien, tadeln* 11, 7*b*. A, see נזח.

זמן time | *Zeit* 43,7(Neh ,Est.,Koh.).

זן nourishment | *Nahrung* 37, 28*b* (Ps. 144, 13).

זן kind | *Art* 49, 8 (Chr. Dan.).

זקן hiphil: make old | *alt machen* 30, 24*b*.

זרה niphal: throw onesself | *sich werfen* 37, 29.

זרז fortify | *verstärken* 36,6*b*. A.N H.

חבב piel: love | *lieben* 7, 21 (var: of אהב).

חבר hitpael: associate onesself | *sich verbinden mit* 13, 2*b* (Chr., Dan.).

חדר surround | *umgeben* 51, 19*d* (Ez. 21, 19).

חוב piel חיב: loose | *verlieren* (?) 11, 16*b*. A.

חול hitpael: torment onesself | *sich ängstigen* 3, 25*b* (Job 15, 20).

חזק pual: be fortified | *befestigt sein* 50, 1.

חייב guilty | *schuldig* 8, 5*b*. N H. A.

חכם niphal: be wise | *weise sein* 37, 19; hitpael: play the wise man | *sich weise gebärden* 32, 4*b* (Koh.).

חלא hiphil: rust | *rosten* 12, 10*b* (from חלאה).

חלם hiphil: console | *trösten* 15, 20*b*; 49, 10*c* (Is. 38, 16).

חלף, חליפות bygones | *Vergangenes* 42, 19.

חלק create | *schaffen* 31, 13*b*; 38, 1*b*; 40, 1; niphal 7, 15*b*; 31, 27*d*II; pual 39, 25. Ar.

חם father-in-law (even of husband) | *Schwiegervater (selbst des Mannes)* 37, 10. N H.

חמד hiphil: render agreeable | *angenehm machen* 40, 22.

חמדה or חמודה, pl. desires | *Wünsche* 5, 2*b*II (doubtful).

חמר hiphil: agitate | *in Aufregung bringen* 4, 3.

חנג hitpael: hanker after | *sich sehnen nach etwas* 37, 29*b*. Syr.

חסף reveal | *enthüllen* 41, 23*b*, in ms. B; but חשף in ms. A. 6, 9.

חסר poor | *arm* נפש חסרה 4, 2.

חפש speak boldly | *kühn sprechen* 13, 11.

חרף excite, defy | *erregen, trotzen* 43, 16.

חרת engrave | *stechen* 45, 11 (Ex. 32, 16).

חשב hiphil: count, consider or cause to consider | *zählen, erwägen, in anschlag bringen* 7, 16 (doubtful).

חשבון account | *Berechnung* 42, 3,

5; thought | *Gedanke* 27, 5 (acc. to 6, 21) (Chr., Koh.).

חשק niphal: be desired | *gewünscht sein* 40, 19*d*.

חתף kal and píel: commit robbery, be a brigand, an enemy | *Raüberei treiben, ein Raüber, Feind sein* 15, 14*b*; 32, 21; perhaps 50, 4 (Prov. 23, 28).

חֶתֶף robbery | *Raüberei* 50, 4? (*ib*).

טאטא sweep up | *auskehren* 10, 15, conjecture (Is. 14, 23).

טוב בשר humanity or well-bring | *Menschenliebe* oder *Wohlbefinden* 37, 11*f*.

טוב על לחם generous | *grossmütig* 31, 24.

טיב goodness | *Güte* 42, 14. N H. (perhaps, mistake for טוב).

טמם pilpel: stop up | *verstopfen* 10, 16. N H., (corrected).

טִפֵּשׁ foolish | *dumm* 42, 6. N H. A.

טרד bore | *langweilen* 32, 9*b* A. N H.

ידה גורל kal: cast a lot | *den Würfel fallen* 14, 15 (or perhaps, read יורו).

ינק (?) sprout | *Schösslinge treiben* 40, 15.

יסור punishment, trial | *Züchtigung, Probe* 4, 19*b* (written אסור); 40, 29*d*. N H.

יצא, כיוצא ב as is due | *wie es gebührt* 10, 27*b*; 38, 17*b*. N H. in another sense.

ירא hitpael: be anxious | *ängstlich sein* 4, 30. N H.

ישט hiphil: stretch out | *ausstrecken* 7, 32; 31, 14, 18*b*; hophal: stretched out | *ausgestreckt sein* 4, 31 (Esther).

ישן hitpael: become old | *alt werden* 11, 18*b*.

כדי כן all the more | *um so mehr* 11, 11*b*; 13, 9.

כול pilpel: maintain | *versorgen* 45 24*b*; hitpael: stand, hold out | *standhalten* 12, 15*b*; 43, 3*b*.

כך so | *also* 32, 6*b* (doubtful). A.

כלל sum up | *zusammenfassen* 32, 8. N H.

כסיל gourmand | *gefrässig* 31, 20*d*.

כער, מכוער ugly | *hässlich* 11, 2; 13, 21*b*. N H.

כפף piel כֵּיֵף: bend | *beugen* (= S.), 30, 12a; hiphil: idem 4, 7*b*.

כושל greedy | *gierig* 14, 9; gourmand | *gefrässig* 42, 8*b*; oldman | *Greis* (acc. to G—S) 41, 2*c*.

כשר suit, be useful | *passen, nützlich sein* 13, 4 (Est., Koh.).

לֶבֶן white color | *weisse Farbe* 43, 18. N H.

לבש hitpael: clothe onesself | *sich kleiden* 50, 11*b*.

להה hitpalpel: play the hypocrite | *heucheln* 32, 15*b* (Prov. 26, 18).

לוה hiphil: accompany | *begleiten* 41, 12.

לֹחם battle | *Kampf*: כלי לחם arms | *Waffen* 12, 5*c* (Jud. 5, 8).

לקות punishment | *Züchtigung* 9, 3a. A. But read, perhaps, חלקות.

מאמר word | *Wort* 3, 8; 37, 16 (Esther)

מהמרות pits | *Gruben* 12, 16*b* (Ps. 140, 11)

מָהַר niphal: hasten | *sich beeilen* 50, 17.

מוסר politeness, savoir-vivre | *Höflichkeit, Lebensart* 31, 17; 32, 2*c*.

מועד festival, Passover | *Feiertag, Passa* 50, 6*b*.

מוצא find | *Fund,* מצא (?) 40, 18, 19; produce | *Erzeugniss* יצא (?) 37, 11*h*.

מחלקות discussions | *Streit* 42, 3*b*.

מחקרה acuteness | *Scharfblick* 44, 4*b*.

מטמנת treasure | *Schatz* 42, 9.

מי is it possible that | *ist es möglich dass* (?) 13, 13; 16, 18*b*. A.

ממון money, fortune | *Geld, Vermögen* 31, 8. A.

מסכן poor | *arm* 4, 3*b*; 30, 14 (Koh.).

מענל ≐ מגעל repugnance | *Ekel* 40, 29*c*.

מעוטים moderation | *Mässigung* 19, 1*b*.

מעט, piel with מן, diminish | *klein machen* 3, 18 (doubtful); with acc. „say in a few words" | *in einigen Worten sagen* 32, 8.

מערומים secrets | *Geheimnisse* 42, 18 (II Chr. 28, 15 in a different sense).

מערף drip of the rain | *Tröpfeln des Regens* 43, 22.

מפח נפש sorrow | *Sorge* 30, 12*d* (Job 11, 20).

מקנה act of acquiring | *das Erwerben* 42, 4*c*.

מרדות reprimand | *Verweis* 42, 8 (1 Sam. 20, 30) A.

מרר hitpael or hitpalpel: abandon onesself to grief | *sich dem Kummer hergeben* 38, 16*b*.

נאה be seemly | *sich ziemen* 15, 9; 32, 6; 41, 16*b* N H.

נבל hitpael: degrade onesself | *sich dégradiren* 9, 7.

נבר prey | *Raub* (?) 36, 18II.

נדה hitpael: withdraw | *sich entfernen* 6, 10*b*.

נהג niphal: be employed, be made use of | *verwendet sein, verwerthet sein* 40, 23 (Koh. 2, 3).

נהרה light | *Licht* 43, 1 (Job 3, 4).

נוחה repose | *Ruhe* 30, 17*b*.

נומה sleep | *Schlaf* 31, 1—2. (Prov. 23, 31).

נור fire | *Feuer* 43, 4*d* (Dan.).

נזף hiphil: censure | *Verweis ertheilen* 11, 7. N H. (see זוף).

נחה fit, be agreeable | *passend, angenehm sein* 31, 4*b*II. N H.

נטל עצה take counsel | *sich berathen* 42, 8. N H. false reading.

נכה be few | *wenig sein* 11, 19*c*. N H.

נכר piel: estrange onesself | *entfremden* 11, 32*b*II.

נסוי (ניסוי) trial | *Versuchung* 33, 1*b*; 44, 20*d*, in ms. B.

נסיון, plur. נסיונות, trial | *Versuchung* 4, 17*e*; 6, 6; 13, 12, in ms., A.

נסק = נשק hiphil: light, burn | *anzünden, brennen* 43, 4*b*.

נעם hiphil: render agreeable | *angenehm machen* 47, 9.

נערות youth | *Jugend* 30, 12II; 51, 16, 28. N H. in the texts retranslated from S.

נצח be resplendent | *strahlen* 32, 10*b*; piel: make resplendant | *strahlen machen* 43, 5*b*. Syr.

נקש strike, knock | *anstossen* 13, 2*d*; 41, 2*c* (Dan.).

נשא אשה marry, choose a wife for another | *heiraten, für einen anderen eine Frau wählen* 7, 23*b* (Ezra 9, 12).

סבב kal and hiphil: sit down at table | *sich zu Tische setzen* 32, 1*b*; 9, 9*b*; 31, 16.

סגר hitpoel: be given over to | *übergeben werden* 38, 15*b*.

סדר piel: put in order | *ordnen* 50, 14*b*.

סוד hitpael: confide a secret to someone, gossip | *Jemanden etwas anvertrauen, schwatzen, sich unterreden* 8, 17; 9, 3*a*, 14*b*; 42, 12*b* N H. and Syr.

סוד conversation | *Unterhaltung* 9, 15*b*.

סחה sweep | *auskehren* 10, 17 (Ez. 26, 4).

סימה treasure | *Schatz* 40, 18*b*; 41, 12*b*. A. (probably glosses).

סלל hitpolel: beg | *betteln* 40, 28*b*.

סלף blame, judge hastily | *tadeln, voreilig beurtheilen* 11, 7.

סער hiphil: wonder | *stäunen* 47, 17*b*.

ספוק abundance | *Fülle* 31, 12*c*.

ספק great | *gross* 15, 18.

ספק kal: suffice | *genügen* 39, 16*b*; piel: augment | *vermehren* 31, 30*b*; hiphil: reach | *anlangen* 42, 17.

סרב revolt | *empören* 4, 25. A.

סרב rebel | *Empörer* 41, 2*d*. A.

סרח bad odor | *schlechter Geruch* 42, 11*b*.

עבור so that | *so dass* 3, 8*b*,

עבר hitpael: take pleasure in transgressing | *mit Freude übertreten* 16, 8*b*; or, overstep the measure | *zu weit gehen* 7, 10*b* (?); put off | *verschieben* 5, 7*b*.

עברון anger | *Zorn* 7, 16*b*.

עד ל up to | *bis* 40, 3*b* (Ezra 9, 4).

עדוי lust | *Wollust* 31, 28 (doubtful).

עוד hiphil: fortify | *stärken* 4, 11*b*.

עור or ערר hitpalpel: be ruined | *zu Grunde gehen* 19, 1*b*. (Jer. 51, 58).

עז intemperent, passionate | *ausschweifend, leidenschaftlich* עז נפש עזה 6, 3; 19, 2*b*; עז נפש 40, 30.

עזות אף insolence | *Frechheit* 10, 18*b*.

עין look upon with displeasure | *ungern sehen* (G.) 14, 10 (1 Sam. 18, 9).

עכר hitpael: become angry | *sich ärgern* 7, 10*b* (doubtful).

עלה hitpael יתעל: raise onesself | *sich erheben* 30, 13 (Jer. 51, 3).

עלעול cyclone | *Wirbelwind* 43, 16*b*. A.

עליץ hiphil: rejoice (act.) | *erheitern* 40, 20.

ענה associate with | *verkehren* 9, 14. Syr.

ענותנות humility | *Demuth* 45, 4. N H.

ענש pl.: punishment | *Strafe* 9, 5*b*.

עֵסֶק occupation, affair, solicitude | *Beschäftigung, Arbeit, Besorgniss* 3, 21*b*; 7, 25; 38, 24*b*; 40, 1, 11.

עסק hitpael: take pains | *sich mühe geben* (conjecture) 3, 22.

עצה niphal: fight | *kämpfen* 4, 28. Syr.

עֶצֶם body | *Körper* 30, 14, 16.

עָצְמָה physical power | *physische Stärke* 41, 2*b*.

עקב pl. עקבות: end, destiny | *Ende, Schicksal* 16, 3*b*.

עֶקֶר or עִקָּר trunk, root, principle | *Stamm, Wurzel, Hauptsache* 37, 17 (Dan.).

ערב hiphil: make agreeable | *angenehm machen* 40, 21; 50, 18*b*.

ערר see עור.

עֵשֶׁק = עסק 11, 10 (corrected).

עשר hitpael: enrich onesself | *sich bereichen* 11, 16.

עשתונים thoughts | *Gedanken* 3, 23.

פוג piel פַּיֵּג: refresh | *erholen* 30, 23 (Aramaic form).

פחד with acc.: venerate | *verehren* 7, 29; with על: take care of | *sorgfältig umgehen mit* 41, 12; hitpael: give way to false fears | *sich umsonst beängstigen* 4, 30.

פחז hiphil: corrupt | *verderben* 8, 2*c*; 19, 2.

פחז lewdness | *Unzucht* 41, 17; 42, 10*c* (Gen. 49, 4).

פטר go away | *weggehen* 32, 11*b*, 12. A. (I Sam. 19, 10).

פלאות מ.. too wonderful for | *zu wunderbar für* 3, 20.

פלל pray | *beten* 38, 9*b* (Ps. 106, 30).

פנק amuse | *ergötzen* 14, 16 (Prov. 29, 21).

פקע crash (thunder) | *krachen* (*Donner*) 46, 17*b*. Syr.

פרג hiphil: drive away | *wegtreiben* 31, 1—2. Ar.

פשרה diagnosis | *Diagnose* (?), remedy | *eilmittel* (?) 38, 14*b*. A (?).

פתגם word | *Wort* 5, 11*b*; 8, 9*d* (Est., Koh.).

צדק hitpael: play the righteous one | *den Frommen spielen* 7, 5.

צהב hiphil: brighten, rejoice | *glänzen, sich freuen* 10, 10.

צהר hiphil: shine at midday | *zu Mittagszeit strahlen* 43, 3 (Job 34, 11).

צות polel: listen | *hinhören auf* 14, 23*b*. A.

צחנה putridness | *Faülniss* 11, 12*d* (Joel 2, 20).

צלל part.: moderate | *gemässigt* 31, 20. N H.: clarified | *gelaütert*.

צמח pl. צמחים: plants | *Gewächs* 40, 22.

צנה cold | *Kälte* 43, 20 (Ps. 25, 13).

צנוע moderate | *gemässigt* 31, 22; advised | *vorsichtig* 42, 8*d*.

צרה rival | *Nebenfrau* 37, 11 (1 Sam. 1, 6). N H.

צריך one who has need, indigent | *bedürfend, arm* 31, 4*b*; 32, 7; 42, 21*d*. N H. and A.

צֹרֶךְ need, want | *Armuth* 8, 9*d*; 10, 25*b*; 12, 5*e*; 13, 3; 15, 12*b*; 32, 2; 37, 8*b*; 38, 1, 12*b*.

קבל hiphil: fight | *bekämpfen* 12, 5*d*.

קדה (?) enjoy | *geniessen* 14, 5*b*. Syr.

קדש hiphil: render homage | *Huldigung leisten* 7, 29*b*.

קוע pilpel: destroy | *vernichten* 10, 16. N H.

לב קטן stingy | *knauserig* 14, 3.

קַיָּם unchangeable | *bleibend* 42, 23 (Dan.).

קלס (?) piel: cause to extol | *preisen lassen* 47, 15*b*.

קפא hiphil: coagulate | *zum Gerinnen bringen* 43, 20*b* (Job 10, 10).

קצף hitpael: grieve | *sich grämen* 32, 19*b*.

קצפון care, grief | *Sorge, Gram* 30, 23*b*, *d*.

קצר hitpael: be impatient or be too brief | *ungeduldig sein* oder *sich zu kurz fassen* 7, 10.

קרב hitpael: draw near | *sich nähern* 13, 10.

קרדם rush | *Schilf-rohr*(?) 40, 16.

קרה enjoy | *geniessen* 14, 5*b* (perhaps קְרָה = Syr.)

קרם hiphil: incrust | *eine Kruste machen* 43, 20*c*.

ראי decencies of life | *Schicklichkeit* 31, 28*b*.

רגל hiphil: have intercourse | *Umgang haben* 8 4 (?)

רושש, רוש poor | *arm* 11, 12; רשיש lazy | *faul* 4, 29*b* (= S.).

רז secret | *Geheimniss* 8, 18; 12, 11*c* (Dan.). A.

רחק hitpael: remove onesself | *sich entfernen* 13, 10

רטש hitpael: be attentive | *aufmerksam sein* 8, 8*b*.

רעה frequent or honor | *verkehren* oder *Ehre erweisen* 38, 1.

רפי indolent | *lässig* 4, 29*b* (= S).

רצד watch narrowly | *lauernd beobachten* 14, 22*b*. (Ps. 68, 17, where meaning is uncertain).

רצף piel: burn, light up | *brennen, erhellen* 43, 8*d* (Cant. 3, 10).

רשה hophal: have permission | *Erlaubnis haben, bevollmächtigt werden* 3, 21. A. N H.

רתח hiphil: burn up | *versengen* 43, 3 (Job 41, 23).

שיחה conversation | *Unterredung* 6, 34; 8, 8; 11, 8*b*. N H.

שכלות folly | *Dummheit* 11, 14*g* (= סכלות).

שמים medecin | *Arzneien* 38, 4. N H. A.

שרק hiphil: be resplendent | *strahlen* 43, 9*c*; 50, 7. Ar.

שֶׁבַח praise | *Lob* 44.

שנח hiphil: look for, count upon, be solicitous | *erwarten, entgegensehen, schauen* 40, 29; 50, 5.

שגר breeding | *Züchtung* 40, 19*c* (Ex.: increase)

שותף companion | *Genosse* 40, 29; 42, 3. A. N H.

שחיתה fault | *Schuld* 30, 11*b* (Dan. 2, 9).

שחר hiphil: blacken | *schwarz machen* 25, 16.

שִׁלְטוֹן governor | *Befehlshaber* 4, 7*b* (Dan. 3, 2).

שלם רצון carry out one's wish | *seinen Wunsch ausführen* 32, 11, 12.

שמיעה act of listening or tradition | *das Anhören* oder *Tradition* 8, 9.

שמץ appearance, a little | *Anschein, ein Wenig* 10, 10; 18, 31 (Job).

שעה hipael: divert onesself | *sich unterhalten* 44, 8*b*. A.

שעיה pl. conversation | *Gespräch* 38, 25*d*. A.; future, project | *Zukunft, Vorsatz* (?) 37, 14.

שעע hiphil: enjoy onesself | *sich lustig machen* 13, 6.

שפך niphal: pounce upon | *über etwas herfallen* 37, 22*b*.

שקד watching, vigilance | *das Wachen, Wachsamkeit* 31, 1 (cf. 42, 9).

שקידה care, preoccupation | *Sorge, Besorgniss* 38, 26*b*.

שר flesh | *Fleisch* 30, 15, 16 (Prov. 3, 8).

שרביט twig | *Zweig* 37, 17 (Est., but in sense "scepter").

תגמול חסד charity | *Wohlthätigkeit* 37, 11*e*.

תגר merchant | *Geschäftsman* 42, 5*b*.

תגרה (?) sale | *Verkauf* 37, 11*c*.

תוה design | *Zeichnen* 43, 13 (Ez 9, 4).

תחליף scion, substitute | *Spross, Stellvertreter* 44, 17*b*; 48, 8*b*.

תחרה dispute | *Zank* 31, 29*b*; 40, 5*b*.

תלוי sincere, sure | *aufrichtig, sicher* 7, 18 (origin uncertain).

תמה sign | *Zeichen* 36, 6 (Dan.).

תמה pl. wonders | *Wunder* 16, 11; 36, 7; 43, 25; 48, 14*b*.

תמור in place of | *anstatt* 3, 14; 4, 10*b*.

תמימים (?) integrity | *Redlichkeit* 7, 6*d*.

תעופה (?) nimbleness | *Flinkheit* (?) 45, 7*e*.

תעלה utility | *Nutzen* 30, 23*d*; 41, 14*c*.

תְּקוּף force | *Stärke* 6, 13 (= S).

תקל nipbal: take a false step, fall | *straucheln, fallen* 13, 22*d*; 32; 20*b*; hiphil: cause to fall | *zum Falle bringen* 15, 12. A.

תקלה stumblingblock | *Falle* 31, 7.

תִּקֵּן arrange | *anordnen* 47, 9*b* (Koh.).

תשלומת recompense (good or bad) | *Belohnung (gut oder schlecht)* 12, 2; 14, 6*b*; 35, 11; 48, 8.

תשבחה praise | *Lobeserhebung* 51, 12.

תשניק torment | *Pein* 31, 20*c*. A,